JN040533

中学3年生の息子に贈る、学校では教わらない「お金の真実」

シナジーブレイン代表取締役
安田 修
マンガ／イラスト
片桐 了

Gakken

俺の名前は保田壮
ただいまー
都内のマンションに住んでいる
普通の中学生だ
ハァー
大人にはわかってもらえないが
中学生の生活だって忙しい
部活のテニスは夏で終わり
10月
MON TUE WED THU FRI
気づけば受験まであと3ヶ月しかない

塾が終わって家に着くと
夜遅い時間になる
親からは
受験生なのにダラダラしてるわね
と指摘されるが

この時間からさらに勉強なんて
できたものじゃない
夜食を食べて風呂に入ったら眠くなってしまう
疲れた～

壮くんちょっとここに座って

めったに家にいない父が改まった口調で俺を呼ぶ

経験上
こういうときは
よいことは
起こらない

もっと必死に
なれとか
1分1秒を
惜しんで
勉強しろとか
言うんだろうか
そんなことは
とっくに
自分でも
わかってるのに

大事な
話がある
…ということは
説教ではない
のかな?
違う意味で嫌な
予感がするけど

母は両親と俺が
2対1の構図になる
のを避けてなのか
この席を選ぶ
ことが多い
母も俺の隣に
そっと座る
実は…

火星探査とやらのメンバーに選ばれて

父は春から2年間火星に行くらしい

革命的なことがあーだこーだと説明してくれたが

頭に全く入ってこなかった

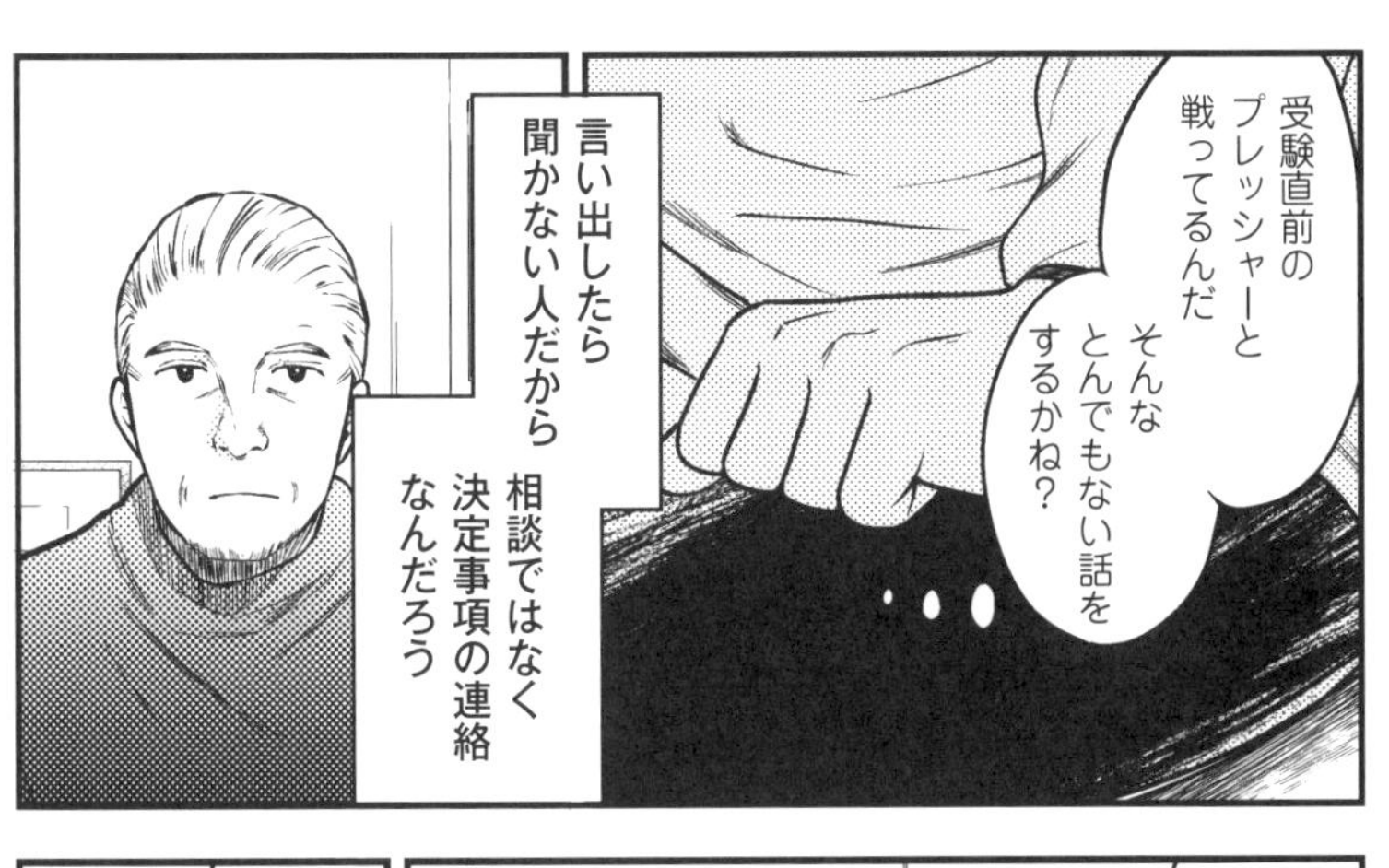
受験直前のプレッシャーと戦ってるんだ
そんなとんでもない話をするかね？
……
言い出したら聞かない人だから
相談ではなく決定事項の連絡なんだろう

……母さんはそれでいいの？
２年は長いし　危険もあると思うけど
……最初聞いたときはびっくりしたけど

火星は「夢」だったからパパの
夢なら仕方ないなって思って
アハハ

……この人は父に甘い
俺にも甘くしてくれるから文句は言いにくいけど
俺 受験生なんですけど

それは本当に申し訳ない！
バッ
受験が終わってから話ができればよかったんだが
事後報告というのも嫌かなと思って
それはそうだけど…

夢って言えば許されると思ってないか？
まぁ元々父はほとんど家にいないし反対してもどうなるものでもないし…
母さんがいいって言うならいいよ
やったー!!ありがとう！
パァァァ
子供か…!? 本当に身勝手だ…
そうだ壮くんこれをあげよう
君に伝えたいこと特にお金に関することをまとめたノートがある
受験が終わってからゆっくり読んでくれ

…ありがとうって
言えばいいのかな?
何だかもう二度と
会えないみたいな
感じだね
大丈夫! 必ず
帰ってくるよ
でもほら
こういうきっかけ
でもないと
ノートなんて
渡せないからさ
わかったような
わからなかった
ような…
しかしノートに
書いてあること
には何となく
興味はあった
でも今の俺は
受験が第一
ノートはそのうち
読めばよいと思って
しばらく放っておいた
このノートの価値に
気づくには
このときの俺はまだ
幼すぎたと思う

保田信彦
(やすだのぶひこ)

父、起業家にして投資家。専門は地質学。金融機関勤務を経て起業し、起業コンサルタントも手掛ける。家族を愛しているが、行動力がありすぎてほとんど家にいない。それでいてノートに書いてじっくり思考するのが習慣という両面を持つ。自由と好奇心が信条。宇宙に全人類を移住させるという夢を追いかけている、子供みたいな人。アイアン・マスクのスペースZ社による、火星開発プロジェクトに志願。投資家としての立場と、スキルが買われて初期メンバーに選ばれる。中学生の息子を置いて宇宙に飛び出すか、さすがに悩む。

保田優子
(やすだゆうこ)

信彦の妻。壮の母。優しい性格。「夢を叶えたい」と言われたら断れない。基本的におっとりしているが、ダンスに打ち込むなど芯の強さも持っている。

登場人物

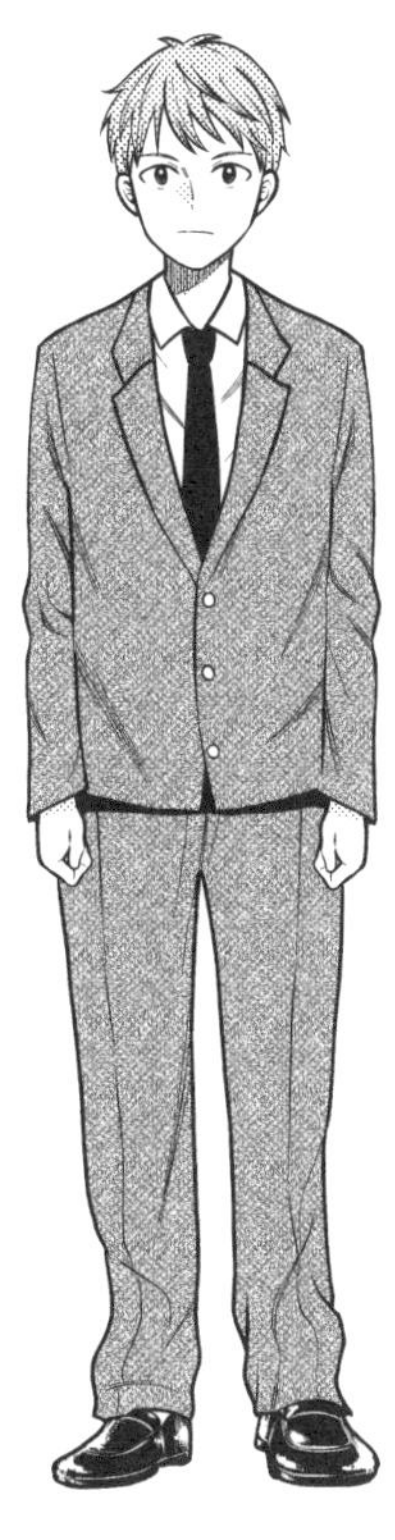

保田 壮（やすだ そう）

息子、中学3年生。母親に似て優しい性格。やや優柔不断なところがある。塾に通って受験勉強に励むが、将来のことを聞かれると「そんなのわかるわけがない」といつも思う。体を動かすのは好きで、夏までは軟式テニスを頑張（がんば）っていた。

山川理沙（やまかわ りさ）

壮の塾仲間で、壮をインターンに誘い、共同で創業する。内気なところがある壮とは異なり、はきはきしていて行動力のあるタイプ。両親は会社員。

はじめに

――お金の仕事にどっぷりだった私が考える「中学生から知ってほしいお金と社会のこと」

著者の安田修と申します。いきなりマンガで始まったので、驚いたのではないでしょうか。

私には実際に本書執筆時点で中学3年生の息子がいます。本書は私が息子の側にいられなくなってしまう日を想像して、最愛の息子と家族に伝えておきたいことを、真剣に書きました。

本書は、父である信彦（私の分身ですが私ではありません）が残したノートと、中学3年生の息子の壮（私の実の息子とは別人です）のストーリーの二部構成になっています。この二部構成で一つの章が終わり、次の章へと続いていきます。

ノート部分には、私の息子や家族に向けて伝えたいお金についての本当のことを書きました。

ストーリー部分は、中学3年生の壮が父・信彦のノートを見てお金について学び、成長する話になっており、フィクションです。

ちなみに人類はまだ、火星へは行けません。いつかそうなるとよいなと、願っています。

私の本はいつも読みやすさを心がけてはいますが、**今回は特に中学3年生でも読めるように、できるだけ難しい用語を使わずに書いています。**でも本当に**読んでほしいのは、大人のあなたです。**

大人が学ばないことを、子供に学ばせようとするのは間違いです。大人が学んで実践していれば、子供は勝手にそれを見て学びます。あなたが本書で学んで行動すると決めたらそのときは、読み終わった本をお子さんにプレゼントしてあげてください。

ここで簡単に自己紹介します。私は昔からお金には関心があり、大学では経済学を専攻。卒業後は日本生命保険相互会社（ニッセイ）に15年間勤めてきました。ニッセイ時代は証券投資や融資、不動産といった資産運用を担当してきました。

その後独立して起業家となり、作家・起業コンサルタントとして活動しています。

学びとビジネスの実験の場も作ろうと、コミュニティ・プラットフォーム「信用の器フラスコ」というものを立ち上げ、おかげさまで会員3千人超まで成長しました。

サラリーマンとしての仕事や起業に活かせるのではないかと考え、証券アナリストやファイナンシャルプランナー、中小企業診断士などの資格も取得しました（起業してからは不要になったので、現在は失効）。

個人投資家でもあり、株から不動産まで多種多様な資産運用を行なってきました。

振り返ってみると、本当に**お金に関することにどっぷりと浸かってきた人生**です。そんな経験や知識を活かして仕事はしていますし、実の息子にも社会のことを知って将来に役立ててほしいと思って、お金にまつわる話をよくしています。面と向かって伝えられないと感じることはたくさんあり、ときには息子からも質問を受けています。ですので**実際に子供が気になる、知りたいお金の話も本書では盛り込みました。**

本書をきっかけに親子でお金について学び、食卓を囲んでお金のお話をしてくれたら、こんなに嬉しいことはありません。それでは、お話を始めていきましょう。

安田 修

目次

プロローグ「身勝手な父」 002

登場人物 012

はじめに
——お金の仕事にどっぷりだった私が考える
「中学生から知ってほしいお金と社会のこと」 014

第1章

「お金」ってそもそも何者なの？

僕が47年間生きて学んできた大切なことを、君に伝えたい 030

お金のことは、誰も教えてくれないけど「一番大切なこと」 033
「お金のことを考えるな」に耳を傾けてはいけない理由 035
「今を楽しむ」と「将来に備える」は両立できる 038
インフレでも金持ちがダメージを受けないのはなぜ？ 041
お金はただの数字であり、どれくらい人の役に立ったかの「感謝の印」でもある 046
ストーリー❶
「高校生の壮が見た、物価が上がり続ける世界」 050

第2章

「働く」ってどういうこと?

資本主義というルールでは、人間の労働力も「商品」となる 056
高学歴が優遇されるのは、期待値が高く需要があるから 059
「自分の時間をいくらで売るか」の視点が仕事選びに役立つ 062
「好きこそ物の上手なれ」は真実だが、運の要素もバカにできない 066
勢いのあるスタートアップ企業にない、大企業の強みとは? 069

第3章

「会社」って作れるの？

思い描くキャリアと外れたことも真剣にやれば、何でも役に立つ 073

若いうちからも、経験だけでなくお金も絶対に必要 076

ストーリー❷ 「大学生の壮、インターンシップにハマる」 079

会社は簡単に作れる。作らなくても個人事業主になればよいだけ 086

「みんなでお金を出し合って、新しいことをやろうぜ」というノリで会社は作られる 089

株と借入の違いは「返さなくてはいけないかどうか」 093
お金の稼ぎ方には4種類あり、自由になれるのは2種類だけ 097
お金がない人でも挑戦するための仕組みが「株式会社」 102
普通の人が資本家になるには、会社を作って成功するしかない 105
ストーリー③ 「壮、友達と一緒に学生起業に挑む」 108

第4章

「投資」って儲かるの？

▶投資とは「好きな会社を応援すること」と思うのは少し危険 116
▶長い目で見て、儲かりそうな会社の株を買うのが株式投資 118
▶投資には確実にうまくいく方法は存在しない。でも勉強次第で精度は上がる 122
▶投資には、実は正解がある。分散して、少しずつ買って、長く持つ。これだけ 126
▶心を無にして機械的に淡々と買い続ける。つまらないけど、これが正解 130

第5章

「詐欺」とは？悪い大人にだまされないために

▶投資の勉強は早くからしておいたほうがよいけど、効果が出るのは人生の後半 133
▶仮想通貨は投資のメインにはなり得ない 135
ストーリー④「壮、投資デビュー」 139
▶悪い大人は、残念だけどいっぱいいる。絶対にだまさない人は、いないかもしれない 144

ここだけの話を疑おう。
そもそも、なぜあなたがやらないの？ 149
リスクはリターンに比例するし、
リターンにはリスクが必ず存在する 153
人間ってそんなに賢くない。
心理的な罠の話をちょっとだけ 156
損切りは投資以外でも大事な考え方。
相談できる人を把握しておこう 161
ストーリー⑤
「壮、投資詐欺に誘われる」 164

CONTENTS

第6章

明日からできること

▶お金についてだけでも、体験しないと学べないことがたくさんある 168

▶君がお金持ちになるために必読の本を10冊厳選 170

▶今は結局、勉強を必死にやるのが、一番コスパが高い。時給に換算すると…… 176

▶中学生でも株を買えるし、会社も作れる。お小遣いの範囲内で始めてみよう 182

▶若さは財産だ。今から小さな失敗を、早くたくさんしよう 184

▶成果は忘れた頃に。ウォーレン・バフェットが大富豪になったのも「複利の力」 186

エピローグ「父との再会」 190

おわりに
——お金は確かに、人生でとても大切なものだけど…… 197

CONTENTS

装丁デザイン　石田 隆（ムシカゴグラフィクス）
本文デザイン・DTP　荒木香樹
校　正　宮川 咲

第1章

「お金」って
そもそも何者なの？

僕が47年間生きて学んできた大切なことを、君に伝えたい

最愛の息子へ。受験勉強、お疲れ様。このノートは、受験が終わったあとゆっくり読んでくれたらよい。今の君にとっては受験勉強に専念するのが、合理的な行動だ。余計なことは気にせずに、ひたすら集中してやっておくのが、結局は得になる。高い目標を設定して頑張る君を、応援しているよ。

このノートは中学3年生の君のことを想って書いている。今の君でも理解できる言葉で、わかりやすく書くつもりだ。

かといって、すぐに全てを読んで、書いてあることの全てを身につける必要はない。むしろこれからの長い人生、何か壁に当たったときに「こんなことが書いてあったな」と思い出して、ときどき読み返してくれたら嬉しい。

人生には「どうしてこんなに大事なことなのに、学校で教えておいてくれないんだろう」と思うことがたくさんある。僕自身、親の経験とか会社の上司の経験をちゃんと伝えておいてくれれば、あとに続く人が同じ苦労をしなくてよいのにと思ったことが何度もあった。そんな大事なことをなぜあらかじめ教えてくれないのか。変だよね。

これについて、自分が親になってわかったことがある。僕らはいつも、自分の経験を君たちに伝えようとしているんだ。ほら、週末にはだいたいいつも、家族で外食に行くだろう？　あのときにいろんな経験談を、君たちに伝えようとして必死に話している。

でも残念なことに、そんなとき君たちは面倒くさそうな顔をする。「また始まったよ」と口に出すことすらある。君たちにとっては「まだ、そのときではない」から、興味を持って聞いてはくれないんだ。

いずれ必要になったとき、ふっと思い出してくれるんじゃないか。いつか何かの役には立つんじゃないかと思って、親は一所懸命に何かを伝えようとしている。この感じも今は伝わらないかもしれないけれど、君が人の親になったらいずれきっとわかるだろう。

だから、僕の経験が必要な「そのとき」が来たら、このノートを読み返してくれたらとても嬉しい。一度ざっと読んでみて、どこかにしまっておいてもよいくらい（でも、捨てないで！）。

そんなわけで、このノートには僕が君たちに今まで話をしてきた内容も多く含まれているかもしれないけれど、つまりそういうわけだから、ちょっとしつこいと思っても一度は目を通してほしい。

お金のことは、誰も教えてくれないけど「一番大切なこと」

このノートに主に書こうと考えているのは、お金のことだ。僕は金融機関に勤めていた頃、他の人から預かったお金を増やす仕事をした。個人投資家としても、よい思いも痛い経験もたくさんしてきた。

会社を辞めてからは自分でビジネスを始めたし、また多くの他の人のビジネスを手助けするなど、ずっとお金に関わることをやってきた。そういう意味では**誰よりも、お金の表も裏も、見てきたつもりだ。**

株や不動産に投資もしてきたし、いくつかの会社も作った。潰（つぶ）した会社もある。失敗もたくさんしてきた。正しい知識があったら経験しなくてよかったであろう失敗も、いくつもある。その知識や経験を、できる限り君に伝えておきたい。

お金のことを悪く言う人もいるけれど、お金の知識はとても大切だ。現実として、この世界はある意味でお金を中心に回っている。「資本主義」という言葉は聞いたことがあるだろう。お金を中心に考える、という意味だ。

もちろん君が幸せに生きていけることは何よりも大切だ。いくらお金があっても、幸せを感じられなかったら何の意味もないと僕も思う。でもこの資本主義の世の中で、お金のことから目を背けると、幸せに生きていくことからは遠ざかってしまう。

学校の先生は、お金についてほとんど何も知らない。これから君が出会う大人の大部分も、そうだ。お金について正しく知っている人はとても少ないし、そういう人と出会えても手取り足取り教えてくれることはほとんどない。奇跡的にそういう人が身近にいても、聴く側に準備ができていなかったら受け入れられないしね（今の僕と君がその状態だ）。

あえて言おう。**お金の知識は生きていく上で「一番大切なこと」**だと。こう言うと、君は反発を感じるかもしれないね。友達のほうが大切だとか、正直であることが大切だとか思っているのではないかな。

もちろんそれも正しい。その感覚は年齢を重ねると薄れていきがちなものだが、だからこそいつまでも大切にしてほしいし、今はまだお金の知識が一番大切だということに納得できなくてもよい。

それでも、僕がそう言っていたことを覚えておいてほしい。お金の知識は、とても大切だ。

「お金のことを考えるな」に耳を傾けてはいけない理由

なぜ、お金のことを悪く言う人がいるのだろう?

「大切なのはお金じゃない」

「お金の話をするのは汚いことだ」

「お金のためにやってるんじゃない」

「あいつは金の亡者だ」

こんな風に言う人が、世の中には本当にたくさんいる。そういう人はきっと、自分がお金に苦労をしていたり、お金に苦労する両親を見て育ったりした人なんだと思う。

実際、お金に苦労しないくらい多くの収入や資産がある人が、このようなことを口にするのを、僕は聞いたことがない。

お金がなくなることに対する恐怖感や嫉妬が、「お金は汚い」「お金について考えるのは悪いことだ」という考え方を生み出す。

だからそういう「汚い話」を、大切な自分の子供たちにはできるだけ聞かせたくない。

お金から目を背けて生きる態度は、親から子へ伝わる。そういう大人もその人なりに子供のことを想っており、悪気がないのはわかっておいてほしいが、悲しいことにお金に対する恐怖はこうして「遺伝」するんだ。結果として、**お金の格差は世代を経るごとに広がっていく。**

お金について考えるのを避けていると、お金を増やしたり、お金をうまく使いこなしたりすることができなくなっていく。そうするとお金に困るようになり、ますますお金に対して苦手意識が増していく。【お金のことが苦手だから考えたくない➡考えないからお金に困る➡困るから苦手】この無限ループを繰り返していく。まさに悪循環だ。

誰かがこの悪循環を、断ち切らなければならない。君は僕の近くで育ったから、お金に対する苦手意識はそんなにないかもしれない。かなり意識して、君たちがいるところでママとお金の話をしてきたからね。

そうであることを願っているけれど、考え方については親だけではなく、いろんな人や外部の情報からの影響を受けるものだから、もしかしたら君も他の人と同じように、お金に対する苦手意識はあるかもしれない。

これからも繰り返し、お金の大切さを伝えていければよいけれど、僕にはそれができないかもしれない。だからこのノートを読んで、僕がそんな風に言っていたことを、たまに思い出してほしいんだ。

「今を楽しむ」と「将来に備える」は両立できる

お金については本当に、いろんな人がいろんなことを言う。「若いうちはどんどん使っておけ」とか「老後のことを考えて、できるだけ貯めておけ」とか「お金については考えるな」とか。僕に言わせたらこれらは全部、大間違い。

「お金は全額、未来に投資する」

これが原則であり、真理だ。お金だけじゃない、本当は時間も体力も、全ては未来へ投資されるべきだ。

投資というのは、株とか不動産に投資することだけじゃない。学んだりよい経験をして頭脳に投資をしたり、ビジネスを育てて設備や人材に投資をしたりすることも含む。君が今、一所懸命に受験勉強をしているのも君自身の頭脳に対する、時間と体力の投資だ（これは僕からすると、塾代として実際にお金を投資していることになるのだが……）。

つまり、**将来のどこかの時点でより大きなお金として回収ができると考えられることにお金や時間、体力を使うんだ。**これを常に意識して行動しているかどうかで、人生は大きく変わる。

「そんな人生は寂しい、今を楽しむべきだ」という意見もあるだろう。でも僕は、今を楽しんではいけないとはひとことも言っていない。むしろ今を全力で楽しむことは、経験という頭脳への投資になる。どちらかといえば、**今を楽しまないことのほうが、ムダな時間の使い方**だろうと考えている。全力で学び、全力で遊ぶことが未来への投資になる。

お金というのは、複利で増える。早く始めるほど効果は高くなる。何倍なんていうレベルではなく、**〝増え方そのものが増える〟**から早く始めるのは何十倍、何百倍もの効果になるんだ。

二次関数というのを習ったよね？　イメージはあれだ。最初の数年はほとんど変わっていないように見えても、数十年という規模で見るととんでもない差が生まれる。

僕はこの真理に気づくまでに47年という時間がかかったから（つまり、本当に納得したのは最近）、それでもそれなりに豊かに生きられるとしても、そこまで大金持ちになることなく人生を終えるかもしれない。それでも、気づけてよかったと心から思っている。そしてそのことを君に伝えられることに、大きな喜びを感じている。

君たちは僕とは違う。多くの時間が残されている。これからの長い人生、少しずつでもよいから、今から未来への投資を始めるんだ。よりよい未来から、そしてそれを実現するために必要なお金からも目を背けるな。

今を楽しみつつ、未来への投資をし続けよう。この2つのことは、両立できる。

全然、矛盾してはいないんだ。

インフレでも金持ちがダメージを受けないのはなぜ？

お金に関して、大切なことを一つ伝えよう。それは「お金は、長く持っていると少しずつ価値が下がる」ということ。

これについては、まず「インフレ」「デフレ」という言葉の意味を伝えないといけない。どちらもよくニュースで見て、何となくわかるようなわからないような、不思議な感覚になる言葉だね。

まずはインフレ。これはインフレーションの略で、「世の中のモノやサービスの価格（物価）が全体的に継続して上昇すること」。デフレはその反対で、価格が継続して下がること。これからの人生、わからない言葉があったら辞書を引くこと。とりあえずスマホでググるだけでもよい。ＡＩに聞いてもまあ概ね、大丈夫だろう。

今まで何十年もの間、世界的にデフレが続いていたんだ。だから僕は、大人になってから物価が下がることしか経験してこなかった。パソコンもスマホも車も、待てば待つだけ安くなっていた。こういうときは、お金を現金で持っていてもよいし、銀行に預けても損はしない。景気が悪かったら株価や不動産の価値もそれほど上がらないから、別にどんな形で持っていても構わないわけ。

でもその世界の「ルール」みたいなものが、ここ数年で大きく変わった。**完**

全にインフレの時代に突入したんだ。ママがよく「食費が高くなった」とか、嘆(なげ)いているだろう。あれが物価の上昇だ。これにはいくつか原因があるんだけど、ごく単純にいうとお金を大量に印刷した結果として、お金の価値が下がっているということ。

モノの価格というのは「需要と供給」で決まる。それがほしいという人が多ければ価値が上がるし、いらないと思われたら価値は下がる。手に入りにくいものは価値が上がり、たくさんあるものは価値が下がる。自由にモノを売り買いできる市場(いちば)があって、高くても買いたいという人が多ければ価格は上がるし、誰も買いたがらないものは安くなる。安ければ買ってもよいという人が現れるからね。このように、あらゆる価格は売り手と買い手の綱引き、市場(マーケット)で決まる。

だからお金の量が増えれば、お金の価値は下がるんだ。ほしがる人の数が同じでも、供給が増えると手に入りやすくなるからね。物価が上がるということと、お金の価値が下がるということは同じ意味だ。だからお金の価値が下がるということは、インフレということになる。

少し前まで世界中で景気が悪くて、景気をよくしようと思ってお金を印刷しまくった。刷っても刷ってもなかなか景気はよくならないから、**もっと大量に刷った。そうしたら、ちょっと時間差があって物価が急激に上がり始めた。**「そんなにバカなわけがない」って思うでしょ？ 嘘みたいだけど、本当の話だ。まあちょっと単純にしすぎているかもしれないけど、大きな構造としてはそういうことが起こっている。

普通はインフレが起こるのは、世の中の景気がよいときとされている。物価が上がっても、それ以上に給料が上がれば経済全体はうまく回るし、みんな幸せになるだろうと。資本主義というのは、そんな楽観的な考えで運営されているんだ。結構、危うい仕組みなんだよ。

ところが今回は、経済がよくなっているというよりは、お金をたくさん刷ったことの影響が大きいから、そこまでうまくいくかはかなり疑問。**物価だけが**

上がって、給料はそれほど上がらない、つまりみんなの生活が苦しくなるかもしれないな。

お金の知識がある人は、そんなことが起こっても今までと変わらない、豊かな生活をし続けられる。

インフレになると現金や銀行に預けたお金（預金）の価値は減るけれど、株や不動産、ビジネスといった資産にお金を換えておけば、**モノの値段が上がるとそれらの値段も上がるから、価値が減ることはない。余計な苦しみを感じなくて済むんだ。**

どうだろう。お金のことを学ぶ価値が、少しは伝わったかな？

お金はただの数字であり、どれくらい人の役に立ったかの「感謝の印」でもある

もう一つ、お金の本質を伝えるよ。おっと、ちょっと急ぎすぎたかな？　今までのところは本当に大切なことなので最初に書いているけれど、一番簡単というわけではないから焦らなくていい。ゆっくり、時間をかけて理解してくれたらいいからね。

「そもそもお金は、ただの数字だ」。

そんなことを言うと、「さっき、お金は大切だって言ったじゃないか！」って思うかもしれないね。うん、確かにそうだ。

でも大切なのは、お金そのものではない。紙幣とか硬貨に価値があるわけで

はないんだ。お金は何かの価値を計測するための数字でしかない。何かと交換して初めて価値が得られるわけで、持っているだけではただの紙切れや金属でしかない。

1万円札に1万円の価値があるのを、不思議に思ったことはないかな。僕は子供の頃から、ずっと不思議だった。今でも不思議だ。信じられない。昔は国がお金を金と交換してくれたけど、今ではその保証すらない。みんな、お金を使えばどんなものとでも交換できると信じているから、信じている人の間では実際にどんなものとも交換できてしまうという不思議な現象が起きている。

いわば、経済はその参加者全員の「思い込み」の上に成り立っている。強いていえば、最終的にお金に価値があることを保証しているのは、皮肉なことに逮捕されるときかもしれない。

話が飛んじゃってるし、いきなり物騒なことを言ってしまったかな？　どういうことかというと、税金をお金で支払わないと法律違反になるのが日本という国。税金を払わない、つまり脱税すると最終的には逮捕されるという国の

「武力」が、お金に価値があることを証明してくれる。

だからみんな必死でお金を集めるし、なくなったら大変なことになると思い込んでいる。お金がなくなることの恐怖感は、生活できなくなるというのもあるけれど、おそらく逮捕されることの恐怖からも来ている。普段の生活で、そこまで意識はしていないけれど。

話がずれた。つまり、お金というのはそれ自体に何か価値があるということはない。と同時に、経済の仕組みが壊れてしまったら、何かと交換できるという価値すら失うかもしれないという、ただの紙切れ。お金が1億円あったとしても、その1億というのはただの数字に過ぎない。誰かに押し付けて（使って）初めて、価値が受け取れる、約束事のようなもの。

その約束事の大きさを測るのが、金額だというわけだ。だから商品やサービスを誰かに提供したとき、どれくらいのお金を受け取れるかはその約束事の大きさによって決まる。つまり、**どれだけ人の役に立ったかを測るのがお金**だというわけだ。
「あなたは私に対して100万円分の役に立ったから、いつか100万円の価値を受け取れます。ありがとう」これが商品やサービスの価格が100万円になる仕組みの全てだ。

そういう取引を繰り返して、人からの「ありがとう」をたくさん集めた人が、お金持ちになる。だから悪いことをしてお金持ちになることはできない。よいことをたくさんして感謝を集めたからこそ、お金持ちになるんだ。

そういう仕組みだから、お金自体はただの数字だし、**お金を持っている人が悪でもない（それどころか、誰よりも世の中の役に立っている人である）**ことが、わかるかな。

ストーリー❶

「高校生の壮が見た、物価が上がり続ける世界」

あれから1年。俺は、志望のK大学付属高校に合格。受験のプレッシャーから解放されてせいせいしたのはもちろんだが、ちょっとだけ受験を楽しんでいた自分もいたらしく、何となく目標を見失ったような、寂しい感じもした。だからというわけでもないが高校ではまた軟式テニス部に入り、勉強もやって、それなりに充実した日々を送っている。ちなみに彼女はいない。男子校で彼女って、どうやって作るの?

父はといえば、俺の受験が終わるのも待たずにアメリカに渡り、火星探査の訓練を始めたらしい。2年間ほどは宇宙船の開発と並行して訓練が続くらしく、案外時間はありそうだ。たまにオンラインでつないで、母と俺と3人で話をする。

今日はたまたま、日本でも物価が急激に上がっているという話になった。

ラーメンが１杯２千円だとか、大学の学費が２倍になったとか。母もしょっちゅう、食材が値上がりして大変だと嘆いている。

信彦「それがインフレというやつだ。日本もインフレになると、僕は20年前から言っていただろ？　あれだけ量的緩和をすれば、こうなるだろうとは思っていた」

優子「確かに！　何かそんなことを言ってたねー。あの頃は、『何言ってるんだろう、この人』って思ってたよ」

父と母が盛り上がっている。物価がみるみる上がっていく中、給料はそこまで上がらないというニュースを見ることが増えた。うちは給料じゃないから関係ないのかと思っていたけど、あれ、待てよ。この人、大学卒業までに「必要な」お金は、うちには準備してあるって言ってなかったっけ？

壮「ちょっと父さん、うちのお金って、物価が上がっても大丈夫なの？」
信彦「お、壮くん、いい質問だね。確かに僕の資産は大部分を火星探査プロジェクトに投資してしまっているので、そこまで君たちに多くのお金を残してあるわけではない」

おいおい、今しれっととんでもないことを言ったぞ。資産の大部分を火星に投資するとか、聞いてないいんですけど。母は母で、「えっ、そうなの!?」とか言ってるし。

あいかわらず自分勝手と、のん気の組み合わせ夫婦。ある意味でお似合いなのか。夫婦というのはそういうものなのか？　いやいや、今はそんなことじゃない……。

壮「大学の学費が2倍になったらしいけど、このままだとお金が足りなくなるんじゃないの？」

信彦「心配させるような言い方をして悪かった。その点は結論から言うと、大丈夫だ。安心して勉強しなさい」

何でもうちの生活費や学費として使うことになるお金は、世界中に分散させる形で株や不動産に投資をして、増やしているらしい。向こう数年はそこから毎年一定割合を引き出し、母に渡るようになっているとか。

「貯金じゃなくて投資だから、インフレに合わせて残高も増えるから大丈夫」という父の説明だったが、半分くらいしか理解できなかった気がする。

確かに、日経平均株価[*1]が6万円を突破したというニュースを最近見た。ラーメンの値段も2倍になったけれど、株価も2倍になったから大丈夫、ということか？ インフレが起こったとき、銀行に預金しておくとお金の価値が減る、というのはこういうことか。

父がよく言うように、お金の知識は生きていく上で大切なのかもしれないな……。

＊1　日経平均株価：日本を代表する225社の平均株価。これらの会社が、今後どれくらい儲かるかの期待によって、株価は変わるとされている。

第2章

「働く」って
どういうこと？

資本主義というルールでは、人間の労働力も「商品」となる

さて、ではここでは「働く」という話をしていこうか。君も高校や大学に行ったら、アルバイトをする機会があるかもしれない。そのあとはおそらくどこかの会社に就職して、仕事をすることになるだろう。もしかしたらいずれは、会社から独立して何かしたり、自分で会社を作ったりすることもあるかもしれない。

アルバイトの面接、就職活動、入社して仕事をする、出世競争……、そんな各場面でいちいち僕は思ったものだ。「あれ？　これのやり方、習ってないぞ」って。

そう、大事なことは学校では習わない。本を読んだり人に聞いたり、自分で

試して正しいやり方を見つけていかなければならない。

自分で学んで、考えて、行動する。そうしないと、人に言われたことだけをやって、結果として価値の低い仕事ばかりをさせられる人生を歩むことになる。するとと前に伝えた通り、価値の低い仕事だと、それなりのお金しかもらえない。

そうはいっても、考え方の大きな枠組みがあると、よりよい決断をしやすくなるんじゃないかと思って、今これを書いている。だから君はこれから学校とかで習ったことを正解だとは思い込まず、自分で学んで、考えて、行動することを大切にしてほしい。


その上で、あえて言おう。資本主義というのがこの世界のルールだというのは前に説明したね。資本主義というのは、お金が中心の世界のことだ。資本主義のもとでは、あらゆるものは商品になる。お金で買えない「モノ」はない。

「人の心はお金で買えない」という言葉があるけれど、確かにそれはそうだ。いくらお金を払っても、人の心を変えることは難しい。ただ、心が変わったかのように行動させることなら、もっと簡単にできるかもしれない。たとえばお金を払って、人に本当はやりたくないことをさせるくらいのことは、できるかもしれないよ。

さっき資本主義では「あらゆるものは商品になる」と書いたけれど、**「労働力」というものも商品だと考えられているん**だ。決して、労働者が商品だというわけではない。人間そのものが売り買いされているわけではなくて、**その人の時間と体力が売り買いされている**わけだ。

でも**お金をもらうために、やりたくもない仕事を朝から晩までやることになるとしたら、それはほとんど心を売ったことにはならないだろうか。**

高学歴が優遇されるのは、期待値が高く需要があるから

仕事をすればお金がもらえる。これを当然のことと考える人は多い。君もきっと、アルバイトをすれば1時間千円とか、お金がもらえると思っているだろうし、事実その通りではある。

東京都の最低賃金は1113円（令和6年3月現在）だから、どんな仕事であれ働きさえすれば、最低でも1時間1113円はもらえるわけだ。これはあくまで最低賃金であって、仕事の内容によっては高い給料をもらえることもある。

では質問だ。**給料が高いか低いかは、どうやって決まると思う？** 給料の高い仕事は、低い仕事と何が違うのだろうか。

労働力が商品だとしたら、給料はどうやって決まるのか。実はこれも、需要と供給で決まる。お金さえ払えば何でもさせられるというわけではない。仕事の内容に応じて、給料が決まる。やりたい人やできる人が少ない仕事の給料は高めになるし、誰でもやれるか人気がある仕事の給料は低くなる。

これは考えたらわかるだろう。君がやりたい仕事があったとしても、同じ仕事を安くてもやりたいという人が他にたくさんいたら、会社はわざわざ高い給料を払って君を雇うことはないだろう。

誰もやりたがらない、あるいは他の人にできないが必要な仕事なら、君にいくら高い給料を払ってでも雇いたいと思うだろう。給料もマーケットで決まるんだ。

だからできるだけ、**他の人にはできない仕事をしたほうが給料は高くなる。**君が今、必死に勉強して手に入れようとしている学歴もそこに価値がある。高い教育を受けた人の価値は高くなる。難しい試験問題で高得点を取れたのだから、きっと複雑な仕事もミスなくやってくれるのではないかと期待されるからだ。

実際には、よい大学に行っているからといって、仕事の面で優秀な人とは限らない。でも複雑な問題にあきらめずに挑んでくれて、うまくやろうと努力することを知っている人なのではないかということを期待して、会社は学歴の高い人を雇って高い給料を払っているんだ。**勉強以外の強みがある人もたくさんいるけれど、それは長い時間をかけて付き合ってみないとわからない**からね。

だから**会社が高学歴の「頭のよい」人を雇いたがるのは、合理的**だといえる。

学歴や偏差値を重視する傾向はだんだん減ってきているとはいわれているけど、未だに高学歴を歓迎する会社がたくさんあるのは事実。

従って、勉強が苦手ではないならしっかり勉強しておいて、高学歴を手に入れることは学生にとっても合理的だということになる。残酷な話をしているようだけど、これが世の中の仕組みだ。

これからAIがさらに発達し、普及してくると「頭のよさ」の定義が変わる可能性はある。記憶力だとかミスをしないことの価値は下がり、創造性やリーダシップ、コミュニケーション能力といったことの価値が上がるかもしれない。

そういう変化を予想してもなお、君自身の頭脳に投資をしておくことは有益だと思う。勉強だけでなく、人間として幅を広げるような、よい経験をたくさんしておくとよいだろう。体を鍛えて、**全力で遊んで、笑って泣いて、信頼できる人間関係を築きなさい。それが全部、頭脳への投資になる。**

「自分の時間をいくらで売るか」の視点が仕事選びに役立つ

給料は需要と供給で決まると書いたけれど、これを今度は雇う側から見てみよう。はっきり言うと、僕は自分の会社を儲けさせてくれる人にならら、いくらでも高い給料を払っても構わないと考えている。1億円の利益を出してくれる人には、5千万円払っても高すぎるとは思わない。逆に、利益を出してくれない人には1円も払いたくはない。

でも仕事にはいろいろあるから、商品をたくさん売る人だけが利益を出しているというわけではない。その営業の人を支える事務をしたり、宣伝をしたり会計をしたりと、チームで役割分担をしていろんなことをやっている。そういう、間接的なことも含めて「役に立ってくれている」人には喜んでお金を払いたい。

「会社の利益を出すためにすごく役に立ってくれていて、かつ代わりの人を雇おうと思ってもなかなか見つからない」となると、そういう人の給料は高くなる。

日本の会社ではまだ年功序列制といって、会社に属する年数が長い人の給料が高くなるところがある。僕も社員の年齢が高くなって家族を養っているなら、少しは給料を高くしてあげないと大変だろうなとは思う。でも、ただ長くいるだけのことが給料を上げる理由にはならないと考えている。基本的にはその人の経験に価値があると思えば、高い給料を払うということだ。

雇われる側の目線に戻ろう。人に雇われて働くというのは、自分の時間を切り売りするということだ。**同じ時間を売るなら、できるだけ高く売ったほうがよい。**

君は自分の時間を、いくらで売るだろうか。会社員として長く過ごすつもりなら、生涯を通じていくら稼ぐかという長期的な視点が一つのポイントになってくる。最初は給料が低くても、後半で高くなることが期待できる業界もあるからだ。

その意味では、学生時代のアルバイトのような仕事を、社会人になっても続けることは、基本は勧められない。最低賃金に近い金額で、誰にでもできる仕事を続けても、キャリアを積んで高い給料がもらえるようになるとは思えないからだ。キャリアという言葉は聞いたことがあるだろうけど、簡単にいえば仕事で得た経験で、それも今後に役立ちそうなものとなる。

最終的には、**給料も含めて納得できる、自分に合った仕事を見つけるとよい**

だろう。給料は少し低くても、職場の人間関係がよいとか、大きなストレスを感じずに働けるということに価値を見出すのであれば、そこに注目するのも悪くない。給料はもっとほしいけど成長できると感じる仕事なら、それも魅力的だろう。

どんな仕事で、いくらで自分の時間を売るか。これは、その次のキャリアを見据えながら、常に考え続けるだけの価値があるテーマとなる。

学生時代はキャリアがあるわけではないから、アルバイトもいろんな職業が選べるようにはならないだろうけど、なるべくなら今後の自分に役立ちそうなものを選ぶといい。

給料も得られるものもそんなに期待できないのなら、学生時代であっても何か他のことに没頭するのが得策だと僕は考える。スポーツに打ち込んだり、難関資格の一つでも取ったりするほうがいいかもしれない。

起業はもっとも有効な経験だろう。起業というと、ハードルが高いように感じてしまうかもしれない。でも今は、学生でも起業はそんなに珍しいことではない。小学生や中学生でも、起業している子がいるくらいだ。若いうちの失敗は、ダメージが少ないどころか人生の糧となるから、挑戦してみる価値は大いにある。

「好きこそ物の上手なれ」は真実だが、運の要素もバカにできない

没頭できる仕事を選ぶことは、充実した人生を送ることにもつながるし、生涯収入を最大化するという意味でも重要だ。**没頭できることを仕事に選べば、その分野で高いスキルを得ることができる可能性が高い。**

好きなことを仕事にするメリットは、ここにある。**好きなことは苦痛を感じ**

ずに没頭できるので、得意なことになりやすい。特に好きではないけれど得意なことも、没頭できるのであれば仕事として選ぶ有力な候補となる。

ただ本当のことをいえば、好きなことや得意なことを仕事にしても必ず高い収入が得られるとは限らない。没頭できることであっても、**収入に結びつきやすいこととそうではないものがある。需要の要素と、運の要素があるからだ。**

需要の要素とは、例えば音楽や絵画といった芸術の分野を想像するとわかりやすい。音楽や絵画では一般的には「食えない」と言われている。音楽家になりたい人は多いけれど、音楽家という仕事は少ない。絵画も同じだ。需要に対して、供給が多いから価格が下がる。

だから、たまたま音楽が好きで没頭できたとしても、それでお金が稼げるとは限らない。これらの職業は、裕福な家庭に生まれた人が半分趣味でやっている、ということも案外多いだろう。

もちろん例外はある。道を極めた先に世界的な音楽家になったり、バンドメンバーとして大成功するとか、デザイナーとして大成する人も中にはいる。

これからＡＩが発達していく中では、こうした芸術分野の才能こそが人間だから提供できる価値ということになり、需要と供給のバランスが大きく変わることもあり得るだろう。


逆に今、価値が高いとされている金融やビジネスのスキルなどはＡＩによって非常に価値の低いものとなり、金融マンやシステムエンジニア、医者や弁護士などの「高給取り」の多くが仕事を失うということも十分に起こり得る。

この予想しきれない変化が起こり得るのが、運の要素というわけだ。ＡＩ専門のエンジニアだって今は非常に価値が高いが、それがこの先ずっと続くかは、誰にもわからない。

好きなことや得意なことを仕事として選んで没頭し、誰にでもできるわけではないレベルにまでスキルを高める。それが高収入と結びつく可能性はわりと高いが、運の要素もある。なかなか難しいけど、これが現実だ。

勢いのあるスタートアップ企業にない、大企業の強みとは？

「なぜ大人はどの会社に入ったらよいのかを、教えてくれないのか」

これは僕が学生のときに感じていた不満だ。

この世界はゲームみたいなものだと感じていたし（これは今でもそうだけど）、どこかに攻略法があるのではないかと思ってそれを探していた。

だが、ついに見つからなかった。そこかしこにヒントは散りばめられているものの、人生というゲームは、自分で試行錯誤しながら攻略するしかないんだ。

僕はサラリーマン時代、金融機関で財務分析を仕事にしていたこともある。

会社にお金を貸すにあたって、返す能力があるかどうかを、その会社の過去の決算書などを調べて判断する仕事だ。お金を返してもらうのは何年も先だから、過去の実績だけではなくて、将来性も判断する必要がある。この会社はよい、こっちの会社は悪い、なんて偉そうに判断していたものだ。でも今、白状する。あの頃の僕は、何にもわかっていなかった。

この先、君が就職をするなら、**将来性のある会社がよい**だろうとは思う。ここ最近の売上や利益よりも、向こう何十年伸びる業界で、勝ち続ける会社がよい。その会社が小さいうちに入社しておいて、大きくなる頃には部下がたくさんいる、それが理想だろう。

だが**この戦略には、一つ問題がある。将来のことは誰にも予想できないんだ。**さっきも書いたけど、どの業界が伸びるか、どの会社が勝ち残るか、そんなことは実のところ全くわからない。予想をしても、ちょっと外す程度で済むこともあるけど、そんなレベルじゃないことばかり。全くわからないんだ。

これが投資だったら、よさそうないくつかの業界の、いくつもの会社に分散して投資をしておけば、その中のどれかが大当たりになる可能性はかなり高い。
しかし**就職できるのは1社しかないので、これを確実に当てるなんてことは誰にもできない。**僕が今、どこか特定の会社のあらゆる情報を入手して判断しても、予想はまず当たらないだろう。

だから、これから成長するであろう会社に入るというのはよさそうな戦略に見えるが、実現の可能性に期待しないほうがいい。

若いうちは、会社を判断する自分の観察力や分析力に自信があるので、「この会社は絶対伸びる！」と考えてしまいがちだが、その感覚はほぼ確実に、間違いだ。

実際にその会社が伸びたとしても、それはとても運がよかったというだけのことで、正しい予想ができているわけではない。

若いうちは特に、スタートアップ企業[*2]への就職は魅力的に感じるかもしれない。ただ、大学を卒業して最初（新卒）の就職先としては、意外に聞こえるか

＊2 スタートアップ企業：新しい仕事を生み出して行動に移すことを優先する企業。近いものとして比較されるのがベンチャー企業で、こちらは既存のビジネスモデルを使うことが多く、堅実に成長を狙うイメージ。一方でスタートアップ企業は、短い間に急成長を目標とする企業を指すことが多い。

もしれないけど、**大企業をお勧めする**。理由は以下の通りだ。

- 特定のスタートアップ企業が成功するかは、予想できない
- スタートアップから大企業への転職はなかなかできない
- 大企業からスタートアップに転職すると重宝される
- スタートアップでは早くから仕事を任されるが、得られる経験は実は誰でもできることが多い
- 大企業では重要な仕事を任されるまでに時間がかかるが、仕事の規模は大きく、得られる経験が実は大きい

あくまで新卒で入る1社目としてはという話で、正解だと言い切るほど強い根拠はない。一般的にはこういう感覚の大人が多いという程度のことで、参考までに知っておいてほしい。

思い描くキャリアと外れたことも真剣にやれば、何でも役に立つ

「若い時の苦労は買ってもせよ」という言葉があるが、僕はこの言葉があまり好きではなかった。年寄り連中が、自分に都合のよいことを言っているのではないかと思っていたからだ。いや、実は今でも少し、そうなんじゃないかと疑っている。

その上であえて言う。仕事でも何でも真剣に取り組んで、たくさんの経験を積んでおくべきだ。

人が嫌がるようなことこそ、引き受けたほうがよい。人がやりたがらないことをすると、人に喜んでもらえる。人に喜んでもらえることには価値がある。

誰かが嫌がることをするだけで感謝されて、評価されて、お金を受け取ること

ができる。

僕もサラリーマン時代は、飲み会の幹事をやったり社内で勉強会を主催したりと、誰もやりたがらないことを意識してやってみた。そこで失敗したところで何のリスクもないし、やればやるだけ感謝されるし、よい経験になると考えてのことだ。

気の進まない仕事を任されたときも、何か学べることがあるだろうと全力でやるようにした。このことは今、正しかったと実感している。

人は成長する。子供の成長はとんでもなく早いが、大人になってからも自分の力を少し超えたような経験を積むことで、どんどん成長できるものだ。

慣れ親しんで楽にできることばかりの環境を「コンフォートゾーン（居心地のよい場所）」というが、できるだけ意識してコンフォートゾーンを出ることが、成長をする上では大切。今でもこのことは、いつも実感している。


仕事で受け取れる最大の報酬はお金でも地位でもなくて、経験だ。大きな仕事には、大きな経験がついてくる。

「商品を企画する仕事がやりたいから営業はやりたくない」「この仕事は自分がやりたいことではないから本気を出さない」みたいな人がいるが、これはもったいない。

最初に任された仕事が自分がやりたいものではなくても、真剣に取り組んで、成長の糧にするのが大事。やりたいと思っていなかった仕事でも続けていると、大切さや面白さがわかるものだし、そういう人にはいつか必ずチャンスが回ってくる。

どんなキャリアを歩みたいかを計画しておくことは重要。でも計画から外れたことも、しっかりやっておく。くだらない仕事だと感じたとしても、どこでどう役立つかわからないから。

僕が起業をしてから、サラリーマン時代の地道な経験がどれほど役に立ったことか。**ムダな経験など何一つない。**起こることには全て意味があると思って、日々を真剣に生きよう。

若いうちからも、経験だけでなくお金も絶対に必要

経験が大事だという話をしたが、お金を貯めることだってもちろん大切。若いうちは給料もそんなに高くないだろうけど、やっぱり大事なんだ。

君はこの先「若いうちはお金を貯めるより、経験に投資しろ」ということをいろんなところで聞いたり目にしたりするだろうが、そんなことに惑わされてはいけない。

もちろん若いうちの経験は大切。でも**若いうちから貯金をする習慣を身につけることも、同じくらい大切なこと**なんだ。

なぜかというと、**チャレンジにはある程度のお金がいるから。**いずれ君が会社を作ったり、投資をしたりするときにお金は必要になる。お金がなくてもビ

ジネスはできる、というのは本当のことだが、**お金があったほうが有利にビジネスをスタートできるのもまた事実。**

このように、正しそうに見える言葉にも常に裏の意味がある。自分の頭で考えることをやめてはいけない。

老後の生活費を若いうちから準備するという考え方はバカげていると僕は思うけれど、チャレンジをしたいときにお金が足りなくて断念するのはあまりにももったいない。お金がない状態で起業してしまうと、最初の1ヶ月からとにかく売上をあげることが絶対の目標になってしまうが、数百万円の資金があったらどんなにじっくりと腰をすえて、いろんな実験ができるか。その差はとても大きいよ。

ちなみに、「自分にもっとお金があったら、きっと起業する」なんていう人は、起業する気なんて全くない嘘つきだと僕は思う。なら今からでも、お金を貯め始めたらいいのに、なんでしないのか？と疑ってしまう。そんな言い訳をしないためにも、できるだけ早いうちから貯金を始めるんだ。

ここで、お金の貯め方の話もちょっとだけしよう。

多くの人は給料を受け取ったら「まず使って、残った分を貯めよう」と考える。そうすると、どうなるか。給料日が近づいてくる頃には残らずお金を使ってしまっていて、結局は全く貯金などできないということになる。

これは、最初から考え方を間違えている。**貯金をするなら、最初に「天引き」でするしかない。**決まった金額を、毎月給料を受け取ったらすぐに、貯金用の口座に移す。それで残ったお金で、1ヶ月の生活をしていくんだ。

生活に使ったお金の残りを貯金するか、貯金したあとのお金を使って生活するか。これは同じように見えて全く違う。僕もサラリーマンの頃はこの方法で貯金をしたし、今でも稼いだうちの決まった金額は積み立てるようにしている。

どんなに収入が増えても、天引きでお金を貯める習慣がない人は、稼いだお金を全て使い切ってしまう。稼げば稼ぐだけ、生活レベルが上がるんだ。よい車に乗って、よい家に住んで、よいものを食べる。この「よい」には上限がない。

しかも一度上げた生活レベルは、下げるときに大きな苦痛を伴う。とはいっても、収入が増えても生活レベルを全く上げるな、と言いたいところだが、それも寂しい話だ。

ルールを決めていくらかを貯金して、残ったお金でささやかな贅沢をすればよい。

ストーリー❷

「大学生の壮、インターンシップにハマる」

「壮くんはインターンシップ、どこに応募するの？」

理沙はあいかわらず、屈託なく話しかけてくる。中学のとき、同じ塾で頑張った仲間だ。俺はK大学付属の男子校に行き、理沙は同じくK大学付属の女子校へ。エスカレーターを上がった先、つまりK大学でまた出会った。モテるようだが、お互い恋愛感情はない。

理沙は何やら、インターンシップ（略して「インターン」ともよく呼ぶ）というものに熱心になっているようだ。

インターンというのは「職業体験」みたいなもので、会社に入って実際に仕事をしながら、会社と学生がお互いに知り合う仕組みのこと。1日だけの仕事体験から、2週間程度の短期インターン、1ヶ月～6ヶ月以上の長期インターンまでさまざまな期間がある。

会社からすれば優秀な人材を囲い込みつつ、若い労働力を安く使えるという面があるし、学生からしても仕事の経験を積みながら会社の良し悪しを評価できる。それにしても、大学1年でインターンは、さすがに気が早すぎないか？

理沙「そんなことないんだって。今は1年のときからインターンなんて当たり前。アルバイトするより、インターンのほうがスキルが身についてお得でしょ？」

壮「そんなものかなぁ……。ちなみに理沙はどこに行こうとしているの？」

理沙「いくつか応募するつもりだけど、いずれ起業したいからスタートアップ企業のＣＥＯ[*3]直属で、いろんな経験が積めるところがいいかなって」

壮「理沙、起業するの？　なんかすごいね……」

理沙「今どき、普通でしょ？　大学の起業サークルにも入ってるし。あっ、そうだ、壮くんも今度遊びにおいでよ、サークル」

自慢じゃないが俺は、流されやすい。理沙に誘われるままに起業サークルに入り、インターンも理沙と一緒に、社員10名のスタートアップ企業に参加することになった。「医療用ＡＩで、世界を変える」がコンセプトの会社で、創業３年目だが急成長している。

何でもやるという話で入ったインターンだが、徐々に適性に合わせて俺は医療法人向けの営業を、理沙は企画・マーケティングを中心に担当するよう

＊３　ＣＥＯ：「Chief Executive Officer」の略。日本語では「最高経営責任者」という意味になる。経営方針や事業計画の責任を負ったりする。日本の法律で規定されている役職ではないため、代表取締役とは違う。

になっていった。

2人とも一応（？）大学での勉強もあるので週3回の参加ではあったが、仕事は刺激的で、毎日がジェットコースターみたいで楽しかった。この会社の技術は本物で、決して営業がうまいとはいえない俺でも、持っていけばかなりの確率で売れる。

従業員も2年で30人に増えた。本当に世界を変えてしまうのではないかと感じ、没頭していった。自発的に週4～5回、出社することもあった。理沙はどうだか知らないが、俺のほうは大学を卒業して、このままこの会社に就職するつもりだった。就職したら株を少しくれるという話もあった。億万長者も夢ではない。

ところが。そんな希望はある日突然、はじけ飛ぶ。いつものように会社に行ったら、ドアの前で理沙が青い顔をして立っている。

理沙「壮くん。会社……、倒産したんだって」

壮「えっ、ウソ!?　だって俺、おとといも普通にここで、仕事をしてたよ……」

黙ってドアのほうを見る理沙の視線の先にあるものは「会社は倒産しました」という趣旨の貼り紙だった。それにしても、何の連絡もないものなのか。漫画みたいに、借金取りが集まって騒いですらいない。鍵がかかったドアの向こうには、がらんとしたオフィスが見える。

その後、社員と連絡をとって確認してわかったことだが、副社長が大金を持ち逃げしたことが引き金らしい。さらに、順調に思えた会社の経営は必ずしもうまくいっていなかったようだ。技術に多額の投資をし続けるプレッシャーの中でいくつかのバグが発生し、その対応に頭を抱えるときに事件が発生して、資金繰りに行き詰まり、追い詰められた副社長がそんな行動をとってしまった、という流れだった。

理沙「少し前から何かおかしいな、とは思ってたんだよね」

壮「俺、何も気がついていなかった……」

張り詰めていた心の糸がぷつんと切れ、何もする気力がなくなってしまった。今は何も考えたくない。どうするんだ？　俺。

第3章

「会社」って作れるの？

会社は簡単に作れる。作らなくても個人事業主になればよいだけ

ここでは今までと少し違う話をしよう。「会社は作れるのか？」という疑問に対する答えだ。

君がまだ小さいとき、僕が会社を作ったことを知り、とても驚いていた。ハンマーで釘を叩く仕草をしながら目を見開き「会社って作れるの!?」と叫んでいた君は、本当にかわいかった。

そう、僕もずいぶん長いこと、会社というのは建物のことだと勘違いしていた。僕のお父さん（つまり、君のおじいちゃん）が「会社に行ってくる」と言っていつも決まった建物に通っていることを知っていたからだ。しかもおじいちゃんは公務員で市役所に勤めていたから、なおさら話はややこしいことに

なっている。それはもちろん、会社じゃない。

会社とは、そもそも何か。「法人」という言葉を知っているとより正しく理解できるのだけど、法律に基づいて作られた「人格」のことを「法人」と呼ぶ。役所で「登記」することで、国が存在を認めるようになった人格が法人だ。会社というのは法人の種類の一つであり、細かくいうと会社にも株式会社とか合同会社などいくつかの種類がある。正しく理解すると、結構ややこしいね。

すごくシンプルに説明しよう。**法人は「誰かが作り出した、目的を持ったキャラクター」みたいなもの**だ。国にお金を払って、そのキャラクターの存在を認めてもらっている。これが登記で、つまりそういう仕組みがあるんだ。そのキャラクターには、目的がある。たいがいは「ビジネスを通して、お金を儲ける」というのが目的だ。

「株式会社の社長」というとすごそうに感じるかもしれないが、言ってしまうと**誰でも、20万円くらいお金を払えば会社を作って社長になれる。かかる時間**

は2週間くらい。やってみたらわかるが、びっくりするくらい簡単に、会社は作れる。

あとこれに関連して知らない人が案外多いのが、**会社を作らなくてもビジネスはできる**ということだ。個人事業主といって、個人でビジネスをやってますよという届出（開業届という）を出しておけば、誰でもビジネスができてしまう。個人事業主でも人を雇うこともできるし、会社を作らないまま何億円も稼いでいる人もいる。

だから最初は会社なんて作らなくてもよい。**会社を作るというのは実は、ある程度やっていることが大きくなってきてから考えればよいこと**なんだ。

「みんなでお金を出し合って、新しいことをやろうぜ」というノリで会社は作られる

やっていることが大きくなったら、会社を作ったほうがよいかもしれない。というのは会社があると、**儲けたお金を分けたりするのに便利だからだ。また大きな会社と取引をするときには、個人よりも法人のほうが信用されやすいという面もある。**そういうことで、必要になったら会社を作ると覚えておけばよいだろう。

「会社を作ったほうが、税金が安くなる」ということもよく言われるが、これはそれなりに利益が大きくなってきてからの話。最初は個人でも法人でも、税金という意味ではあまり、変わらない。むしろ会社を作ったほうが税金は高くなったり、手間が増えたりする面もあるから、この辺は迷ったら専門家に相談

してほしい。

なぜ会社なんてものがあるのか、理解するためにはそれが生まれた時代まで戻ったほうがわかりやすいかもしれない。まあ諸説あるけれど（現代人の誰も見てきたわけじゃないから）、本格的な会社は大航海時代に生まれたという説が有力だ。大航海時代は知っているかな？　ヨーロッパの国々が、船で世界中に進出していった時代のことだ。

ヨーロッパの産物を船に乗せ、アジアやアフリカまで航海してそこで現地の特産物と交換すると、莫大な富が得られる。極端にいえば、ガラス玉を持っていって金（きん）と交換するとか、そんな感じだ。互いに情報がないから、とんでもない利益が出ても誰も気づかない。

ただリスクもあった。当時、航海の技術はそんなに高くなかったから、かなりの確率で事故が起きた。だからこそ、それだけの利益が得られる貿易であっても、実際にチャレンジする人は少なかったわけだ。

事故がなければみんなその取引をやるので、需要と供給の法則で価格は調整されて、利益の幅は減る。つまり当時の貿易は、ハイリスク・ハイリターンの大冒険だった。

もちろん船を何隻も買うのも高価だし、人を雇って積み荷を仕入れて……となるとすごくお金がかかる。うまくいけば大金持ちになれるけれど、失敗したら破産だ。大きなチャンスがあるのがわかっていても、よほどの大金持ちじゃないとチャレンジできない。

そこで生まれたのが、会社という考え方だ。頭のよい誰かが「みんなでお金を出し合って、得られた利益は出したお金の割合で分けよう」というルールを作ったんだね。これならそこまでお金持ちじゃなくても冒険に参加できるし、多くの人からお金を集めて航海に出かけることができる。

会社というのは、つまりそういうことだ。**お金を出し合って、利益が出たらお金を出した割合で分けるという決まりのことを、会社と呼ぶ。**

今の会社はそれに加えて、**有限責任という役割もあって、これは「出したお金以上の責任は負わなくてよい」という決まりのこと。**だからどんなに失敗しても、最悪は出したお金がゼロになるだけで、それ以上マイナスになることはないというのが有限責任。

これなら、面白そうなチャンスがあったら、持っているお金の範囲でチャレンジしてみようかなと思えるだろう？　だから会社というのは、みんながどんどんチャレンジして世界をよりよいものに変えていくための仕組み。**多くのお金を出した人に多くの権利がある、チャレンジした人やリスクを負っている人が最後には多くを得られる。資本主義というのはつまり、そういうことだ。**

株と借入の違いは「返さなくてはいけないかどうか」

世の中の仕組みがちょっとわかってきたかな？　ここで「株」の話もしよう。「株を買う」というのは、会社の一部を買うということなんだ。会社を作るときに株を買うこともできるし、すでにある会社の株を誰かから買うこともできる。上場している会社というのは、いつでも誰かから株を買うことができる機会がある会社のことだ。

ちなみに僕の会社は僕が１００％、つまり全ての株を持っている。自分で全てのリスクを負って、利益の全ては自分のものになる。会社のよいところである「みんなでリスクを分担する」ということをしていないので、個人事業主でやっているのと大して変わらない。

ただ僕は、他の人から口出しをされたくないので、こういうやり方をしている。例えば株の50％以上を他の人に持たれてしまうと、自分だけでは何も決められなくなってしまう。そして会社が利益をあげても、その50％以上が他の人のものになる。何人かで協力して事業をして、それで**生み出した利益を、株を持っている割合で分ける仕組み**だと、わかってきたかな。

よく「株への投資は会社にとって、返さなくてもよいお金」という言い方をする人がいるけれど、これは事業がうまくいかなかったら、お金を出した人も責任を負うということ。なぜならば、会社の一部は株を持っている人のものだから。

その分、すごくうまくいったらその手柄もお金を出した人に渡るということでもある。

つまり会社にとっては、投資されたお金は返さなくてよいどころか、何十倍にして返すこともあるということ。株を持っている人の立場になると、株を持つというのはハイリスク・ハイリターンといえそうだね。

これに対して、借入というお金の集め方もある。銀行などからお金を借りるんだけど、融資とも呼ぶね。

実は僕はサラリーマン時代、企業向けの融資の仕事をしていたことがある。だから融資についていては詳しいのだけど、ここでは簡単に説明しよう。借りたお金は約束した期日までに、金利というものをプラスして返さないといけない。仕組みはそれだけだ。

借りたお金は事業がうまくいかなくても必ず返さないといけないが、その代わり投資と違ってうまくいった場合にも約束通りの金額を返すだけでよい。貸す側にとってはローリスク・ローリターンだ。まあ、返してくれるかわからない会社に貸すときはそれなりに金利を上げたりして、ミドルリスク・ミドルリターンにしようとしたりはするけれど。

スタートアップといって、これから急成長をさせようと考えている会社は、銀行からお金がなかなか借りられない。だから**投資家を探して、高いリターンを約束して投資を受けるのが、主な資金調達手段になる。**

投資家から見てうまくいきそうに思えなければ、お金はなかなか集められないということになる。最近ではクラウドファンディングといって多くの一般の人から少しずつお金を集める方法もあるけれど、これも魅力的なプロジェクトじゃないとなかなかうまくはいかない。

つまり、資金調達に悩む会社は多いということだ。

お金の稼ぎ方には4種類あり、自由になれるのは2種類だけ

繰り返しになるが、あえてしつこく伝えよう。**今の世界は資本主義だ。**資本主義というのは、資本を出した人が中心となって回っていく世界のこと。**お金で世界が回っているといってもよい。**あまりにお金の力が強すぎるので、それに反発する人もいる。

「お金が全てじゃない」という言葉も聞いたことがあるだろうけど、「お金がほとんど全てかもしれない」と思えるくらいお金の力が強いからこそ、生まれる言葉だと思う。そもそもお金が重要でなかったら、「お金が全てじゃない」なんて、わざわざ言う必要がないだろう？　確かに全てじゃないかもしれないが、重要であることからは目を背けないほうがよい。

幸せになるために お金持ちになる必要は必ずしもないが、**お金があったほうが幸せになりやすいのもまた事実**。お金を得てしまったがゆえに不幸になる人もたまにはいるが、お金がないがゆえに不幸になる人のほうが圧倒的にたくさんいる。ある程度のお金は絶対に必要だし、それ以上のお金もあるに越したことはない。

お金があれば、人を助けることもできる。稼いだお金をただ持っていても仕方ないが、かといって自分のために全部使う必要もない。まずは自分の家族など身の回りの人に喜んでもらう。それでも余裕があるならもっと弱い関係性の人や、全く知らない人の役に立つこともできる。

家族がいるのにお金がないという経験は僕にもあるが、それは情けなく、切ないものだよ。海外旅行に連れて行ってあげたり、おいしいものをたくさん食べさせてあげたりしたいと思っても、「ちょっと今は余裕がないから……」と、近いところ、安いところで済ませてしまう。君たちがそれを恨んでいるなんてことはないと思うけれど、そのときは「もっとお金があったらなぁ……」って思ったものだ。それが原動力になって、今まで頑張れたわけなんだけど。

話が逸れた。この世界は、お金をたくさん持っている資本家が中心となって構成されている。労働者でも安定というよい面はあるし、幸せを感じることもできるけれども、自由になりたければ資本家になるしかない。その扉は、ビジネスが握っている。

『金持ち父さんのキャッシュフロー・クワドラント』（ロバート・キヨサキ／筑摩書房）という本がある。誤解されている向きもあるが、よい本なのでぜひ読んでほしい。僕も正直、この本を読んで影響を受けて起業家になり、投資家になった。

この本に書いてある話をしよう。まずはタイトルにもある「キャッシュフロー」というのはお金の流れ。「クワドラント」というのは4象限とか4分割という意味で、まあ4つに分けられるということ。つまり、お金の稼ぎ方には大きく分けて4種類あるということが書いてある本だ。

それは従業員：E（Employee）、自営業者：S（Self-employed）、ビジネスオーナー：B（Business owner）、投資家：I（Investor）だ。

お金の稼ぎ方は、この4つのどれかに分類される。あるいはこの4つの要素の組み合わせで、その人の収入は説明できるということだ。そして、**安定を求めるならばEかS、自由を求めるならばBかIを目指せ**ということが書いてある。

誰もが自由になれるとは限らないし、自由を目指す義務もない。自由を目指さなくてはならないなら、その時点で自由ではないともいえるだろう。従業員や自営業者で収入を得ているからといって、決してその人が幸せでないということではない。だが重要なことは、自由を目指すなら自分のビジネスを持ち、投資をすることで資本家にならないといけないということだ。

僕の考えでは、親から多額の財産を相続するなどの特別な人を除いた大多数の場合において、**投資家になるためにはまず自分のビジネスを作り、育てなければならない。**

そして、君は決して「特別な人」ではない。僕の資産は大部分をプロジェクトに投資しており、君に残したのは大学卒業までの資金だけだ。そのあとの人生は、君自体が切り拓かねばならない。そうすることが、君のためにもなると考えた上での判断だ。

児孫のために美田を買わず、というわけだ。これは西郷隆盛が詩の中に残した言葉で、子孫のために財産を残すと、それに頼って努力をしないので結局は本人のためにならないという意味。

僕は親から資産を受け継ぐことはなかったからそれを残念に思うこともあったけれど、結局はそれがよかったと振り返っている。自分の人生は自分で切り拓いたほうが、満足できる。たとえそれが、世間的には大成功といえないような結果になっても。

お金がない人でも挑戦するための仕組みが「株式会社」

「自分はお金がないから、お金持ちにはなれない」

こんなことを言う人はとても多い。まあ、実はこれも一理ある。お金はお金のことが好きなので、お金のあるところにお金が集まる傾向は、確かにある。

教育にお金をかけられる人の子供は、高い教育を受けて優秀な友人と知り合い、よい会社に入る。高い教育を受けた同級生は成功しやすく、それらのツテで自然と多くのチャンスに恵まれる。【チャンスが多い➡お金は増えていく➡チャンスが多い……】という循環がある。

君は幸運にも今のところ、高い教育を受けられる可能性がある人生を送っている。その幸運を活かせるかどうかは君次第、運次第というところだが、決してその幸運の全てを自分の力だと思わないでほしい。
もちろん君は周りの大多数の人よりも努力をしている。僕はそのことをよく知っている。それは素晴らしいことだけれど、努力ができる環境にあったという幸運のことも、忘れないようにしてほしい。遺伝子や環境や運は、全員バラバラ。世の中は決して、平等ではない。

そのことを踏まえた上で、生まれながらに恵まれた人が勝ち続け、恵まれなかった人には逆転のチャンスがないかといえば、決してそんなことはない。もうわかっただろう、逆転はビジネスで達成できる。一流と呼ばれる企業への入社だと多少はあるけど、自分でビジネスを立ち上げる際は、学歴などがそこまで重要ではない。お金はあったほうが有利だけれど、必須ではない。**お金がない人でもリスクを取ってビジネスに挑戦できる仕組み**がある。実はそれが、**株式会社**だ。

株式会社では、お金を持っている人が資本を出して、お金を稼ぐ能力のある人はその能力を提供する。それで得た利益を、各自が負ったリスクに応じて分け合うという仕組みだ。

ここで大事なポイントは、**能力やアイデアを持っている人は、お金を自分で出さなくてもチャレンジができる**ということだ。お金は、持っている人が出せばよい。

お金はあるけれどアイデアや情熱がない、もしくはそんなに体力がない、他のことで忙しくて手が回らない、そういう人を説得して、お金を出してもらえばよい。エンジェル投資家とかベンチャーキャピタルというのが、起業家にお金を出してくれる人たちだ。

もちろん、他人にお金を出してもらうのはそんなに簡単ではない。まだ大した実績がない段階で説明をして、「君のアイデアにお金を出したら儲かりそうだな」ということを相手に思わせる必要がある。**君という人間にお金を出すだけの価値があると感じさせる**ということでもある。この資金調達というのも、ビジネスの大切な要素の一つだ。

普通の人が資本家になるには、会社を作って成功するしかない

大事なことを書こう。お金を増やす方法には「貯める」「稼ぐ」「増やす」の3つがあるけれど、お金持ちとして生まれてこなかった普通の人がお金持ちになるためには、まずは「稼ぐ」しかない。

世界のお金持ちランキングの上位は、ほとんど全てがビジネスで成功した人で占められている。2023年版『フォーブス』誌によれば、世界長者番付1位は「ルイ・ヴィトン」で有名なLVMHグループの会長兼CEOであるベルナール・アルノー、2位は電気自動車のテスラや宇宙開発企業スペースX創業者のイーロン・マスク、3位がAmazonの創業者ジェフ・ベゾス。いずれも世界規模で市場を持つ大企業のオーナーだ。

日本でも同じ。ユニクロでお馴染(なじ)みのファーストリテイリング会長兼社長の柳井正さん、ソフトバンクの孫正義さんなんかはいずれもビジネスで大成功し、今では世界でも上位に入る大富豪だ。

これらの人々は、会社を自分で作るか人から受け継いで、ビジネスを大きくすることで会社の価値を高めたことにより富を築いている。

規模は全く違うが、僕も同じだ。会社で雇われて働いていた頃は、高い給料をもらっているほうだったけれども**「これを何十年続けても、いつまでもお金持ちにはなれないな」と感じていた。**大きく稼ぐことはできなくても、大きな会社でリスクがないということに魅力を感じている人も多かったけれど、僕はそのことにはあまり価値を感じなかった。

大きな会社でもダメになることはあるのだから、自分で会社を作ってチャレンジし、もしダメでも全て自分の責任だと納得できる人生を歩んでみたいと強く思ったんだ。

あえて言おう。この世界にはまだ、身分の違いがある。お金を働かせる資本家と、お金に働かされる労働者では全く別の人生だ。その**2つの身分の間を移動できる唯一の手段が、起業だ。**会社を作って成功することでしか、普通の人が資本家になる方法はない。

もちろん、資本家が労働者よりよいとは言い切れない。世の中には不幸な資本家もいれば幸せな労働者もいる。実際、どちらもたくさんいる。どちらの生き方にもリスクはあるし、価値観によってどちらがよいと感じるかは、人によって違うだろう。

君に伝えたいことは、君がどう生きるかは自分で選べる、ということなんだ。もしかしたら僕の生き方は、少し極端かもしれないと思うこともある。

現実的な選択肢としては、資本家と労働者の間という生き方もある。何%かの株を受け取って役員として仕事をしたり、サラリーマンをしながら他の会社に株式投資をしたりするというやり方だ。バランスを取れば大成功からは遠のくけれど、リスクも減る。

絶対の正解はないから、よく考えて自分で決めてほしい。いずれにしても、何も考えずにただ給料をもらうだけの生き方をするのはもったいないと思う。考え抜いた結果としてそれが自分に合っているなら、それでも構わないが。

ストーリー③

「壮、友達と一緒に学生起業に挑む」

「まさに命懸け の快挙。人類は今日、初めて火星に足跡を刻みました！」

テレビのニュースキャスターが興奮して伝えている。遠い世界での出来事。世界の英雄ともいえる4人の中の一人が、自分の父であることに実感はなかった。

俺はあれ以来、すっかりやる気をなくして引きこもり生活を続けていた。布団とオンラインゲーム、それに近所のコンビニ。これが今の俺にとっての世界の全てだった。

母はそんな俺に、何も言わない。父のニュースを見て嬉しそうだったが、俺が話したがらないのを感じると自然に、その話題には触れないようにしているようだった。父がくれたノートも、今は読みたくない。引き出しの中にしまいこんだまま。

優子「そういえば、パパから壮ちゃんにメールが来てたよ。LINEに転送しておくね」

母は今でも、自分のことをママと言うし、父のことをパパと言うし、俺のことを壮ちゃんと呼ぶ。人前で「壮ちゃん」と声をかけたときはさすがに「恥ずかしいからやめてくれ」と怒ったことがあったが、2人だけのときは黙認(もくにん)している。

火星と地球の距離は6700万キロ。光の速度でも通信するには3分以上のタイムラグがある。そのためオンライン会議は遅延のストレスが大きいし、大容量のデータをやり取りするのは困難だ。ごくわずかのデータ量を送受信するだけでも、さまざまな技術革新が必要だったらしい。

そんな貴重な通信を、宇宙飛行士の家族はZ社経由で週に1回程度、行なうことができた。母がメールと言っているのはそのことだ。3分で通信が届くとなれば、案外遠くに行ったわけではないのかもと錯覚を覚える。


「壮くんへ。ノートに書き忘れていたことをふと思い出した。僕が最初に作った会社のことだ。当時流行っていたインターネットゲームの会社で、すごくうまくいくと思っていたのだが、人にだまされて2年で潰してしまった。

ひどく気持ちが落ち込んだ僕がやっていたのは、毎日ノートに考えたことを書くことだった。やり方は簡単。真っ白で大きなノートに、ただ箇条書きで思ったことを全部書くだけ。

なぜかはわからないがそれで少しずつ前向きな気持ちになれて、次のビジネスをやろうって思えたんだ。ほんと、ノートには何かと助けられているよ。

もし君がこの先、気持ちが落ち込むようなことがあったら、試してみてほしい。」

うるさいよ。たまたま思いついたみたいな書き方だけど。

スマホを放り出した俺は、ゴロリと横になった。少し眠る。起きてご飯を食べる。また眠る。まあ、いつまでもこうしていても仕方ないし、だまされたと思ってちょっとだけやってみるか。

ノートに書くことの効果は、驚くほどのものだった。うまく説明できないが、書くことで悩みが他人事になったような気がした。なんでこんなことで悩んでいたんだろう。客観的に見てみると別に借金があるわけでもないし、自分が失敗したわけでもない。誰かから恨まれているとか、犯罪を犯したとか、そんな落ち込む理由が何も見つからなかった。

何かやってみたいという気持ちになり、心配して何度も連絡をくれていた理沙に返信を打つ。すぐに会おうということになり、学校の近くのカフェで待ち合わせることにした。

理沙「久しぶり！　全然ＬＩＮＥに既読がつかないから、心配したよ！」

壮「ごめん。なんか落ち込んじゃっててさ」

理沙「わかるけど、しょうがなくない？　私、思ったんだけど、他人の会社でいくら頑張っても、今回みたいに何か起こったら最後は責任が取れないよね。だから次は、自分でビジネスをやってみたい」

壮「理沙は強いな。俺はとてもそんな気になれない」

理沙「今すぐ、いきなりは無理かもしれないけど、そのうち一緒にやらない？　私はサークルの仲間と、動き始めておくから。最初は大きくリスクを取らず、身の丈にあったところからやってみたいと思ってる。気が向いたら連絡して」

壮「うん、いいと思うよ。でもまあ、期待はしないで」

理沙「わかった。待ってる！」

起業か。父のノートにも、起業しろということが書いてあった気がする。あのノート、中学生のときはあまりピンとこなかったけど、今なら何か得られるものがあるだろうか。久しぶりに読んでみようかな。

第4章

「投資」って儲かるの？

投資とは「好きな会社を応援すること」と思うのは少し危険

今どきは、学校でも株式投資について学ぶと聞いた。僕は今の学校教育について詳しいわけではないから想像だけど、おそらくは「好きな会社を応援する気持ちで株を買おう」と習ったのではないかな。ゲーム会社とか、興味がある会社の株を買えば嬉しい気持ちになるし、新しいゲームが発売されてその評判がよければ株価が上がるなどと、身の回りの出来事と経済が結びつくので面白いという意味はあるだろう。

だからその考え方も、投資に興味を持ってもらうための手段としては悪くない。ただ、正しい投資のやり方からは少し外れている気もする。

僕は、**投資にはできるだけ好き嫌いといった感情を入れるべきではない**、という考え方を大事にしている。好きな会社の株を買えば好調なときにはよいだろうが、業績が悪くなったときにも応援の気持ちでその株を持ち続けたいという気持ちが働き、**判断が鈍ることになる**。

資産運用には、正しいやり方がある。そのやり方なら好き嫌いで会社を選ぶ必要はないし、むしろ特定の会社に投資する必要すらない。たくさんの会社に分散して投資をすることで世界経済全体が成長すること、言い換えると資本主義が終わらないことに賭けるという投資法だ。これについては、あとでもう少し詳しく説明しよう。

今は株の話だけをしたが、投資には不動産への投資もある。債券といって、国や会社にお金を貸す方法もある。海外のお金を買っておくという外貨を使った投資法もあるし、金や銀などのモノへの投資もある。最近だと仮想通貨やＮＦＴ[＊4]といった新しい投資対象も次々と出てきていて、学ぶべきことが無限にあるような気持ちになるだろう。投資方法についてもチャートだとかバリューだ

＊4 ＮＦＴ：「Non-Fungible Token」の略で「非代替性トークン」という意味。画像や文書といったデジタルコンテンツが持つ情報を紐付ける印のようなもの。他のものにとって代わることができない状態にして、コピーや偽造を防ぐ狙いがある。

とか、難しそうな言葉がたくさんある。

しかし、**投資は本質だけを理解しておけば、そんな細かなことをいちいち知る必要はない。**順を追って説明していくから、安心してほしい。

長い目で見て、儲かりそうな会社の株を買うのが株式投資

まずは株式投資の基本から。

好きな会社ではなく、長期的に見て儲かる会社の株を買うようにしてほしい。

高い利益が出る会社の株価は上がるので、株主に利益が生まれる。

そもそも会社は何のために存在するのかを思い出してほしいのだが、みんなでお金を出して何かにチャレンジして、利益を出してみんなで分けるためと説

明したよね？　より高い利益を出すであろう事業を行なう会社にお金を出す。これが資本主義における正義だ。

「好きだけど儲からない会社」は資本主義においては悪だ。利益が出ないと従業員の給料も上がらないし、株主も報われない。

ゲーム会社なら、よいゲームを出していればユーザーに支持されて課金額が増え、利益も増えるはずだ。でも、ユーザーを犠牲にして利益を上げるような会社からは、長期的にはユーザーが離れて利益が減るはずだ。**結局は、よい会社は長期的に儲かる会社だということになる。**

長期的に高い価値を提供する会社、つまりよい会社が残ることによって、世界は豊かになっていく。残酷に聞こえるかもしれないが、利益が出ない会社はいずれ退場しないといけない。利益が出ない会社は解散して、高い利益が出る会社が新たに作られたほうがよい。資本も労働も、そっちにシフトしたほうがよい。これが資本主義の仕組みだ。

では、**長期的に利益が出る会社の株を買えば、儲かるのか？　それがそんな**

に簡単ではない。そういう会社の株はたいがい、高い株価がついているからだ。儲かるとわかっているものを、安く売ってくれる人はいない。**よい会社の株は高く、悪い会社の株は安い。**これも、需要と供給の関係から成り立っている。

では、どの会社の株を買うべきか。

仮に君に、企業のことをよく調べさえすれば、他の人よりもその企業のことを深く理解できる能力があるとする。長期的には利益が出るはずなのに、**今は低く評価されている会社を探し出せる能力があるのなら、そうすればよい。**これがバリュー投資と呼ばれる考え方だ。

だがここでの問題は、そんなことができる人はほとんどいないということだ。僕も金融機関でお金を貸す仕事をしていたから、会社の分析にはちょっと自信がある。それでも、その会社の株価が上がるのかどうかは、はっきり言ってわからない。長年かけて研究した結果、わからないということがわかったと言ってもいいかもしれない。

同様に、買った株をいつ売るべきかという問題があるのだが、これもわからないというのが結論だ。

株価が下がると思えば売ればよいのだが、上がるかどうかがわからないのだから、下がるかどうかもわからないのだ。だから10％とか20％とか基準を決めておき、株価がそれを下回ったら自動的に売る損切りという考え方もある。この方法も、大きな損失を避けるという意味では有効だ。

だが、もっとよい考え方がある。それは**「バイアンドネバーセル」という方法だ。買ったら、絶対に売らずに一生持ち続ける。**この先に上がるか下がるかはわからないが、長期的に見れば上がるはずということだ。

歴史的には世界の株価は上がり続けているから、それが続く方向に賭けようというわけだ。資本主義が崩壊した場合にはとんでもない損失を被るが、そのときはお金には何の価値もなくなるのだから、どれだけお金が減ったところで別によいだろう。

僕はやっていないが、そんな最悪の事態に備えて念のため少しだけ金を買っておくという人もいる。それにどこまで意味があるのかわからないし、そこまで考える必要性はないのではないかと僕は思うのだが、君はどうだろうか。

投資には確実にうまくいく方法は存在しない。でも勉強次第で精度は上がる

「投資はギャンブルではないから、勉強すれば確実に勝てる」という誘い文句で、投資の勉強というコンテンツを売り込んでくる人がいる。投資のことをよく知らない人からは正しく思えてしまう言葉だが、嘘だ。

投資にはギャンブルの要素がある。勉強したからといって、必ず勝てる方法はない。明日、価格が上がるか下がるかは、誰にもわからない。

もしも十分な知識があって、明日の値動きが正しく予想できるのだとしたら、

誰よりも勉強をしているプロがその方向の取引をするはずだ。明日高くなるのであれば今日買うし、安くなるのであれば売る。そんなことが実際にできてしまったら、売り買いといった取引により、予想される価格に「今すぐに」なってしまうはずだ。

　昔だったらヨーロッパでワインを買ってアフリカで金と交換すれば儲かる、というようなチャンスが実際にあった。現代でも、ほんの一瞬だけそういうことは起こる。値付けが間違えているＡとＢという商品があったら、Ａを売ってＢを買えば利益が出るという瞬間。これを、裁定という。

　しかしこれも、ＡＩを活用したロボットが自動的に行なっているため、そんなチャンスは０・１秒もないだろう。とても人間が参入できるチャンスはない。

「世の中の投資家はあまり勉強をしていないから」とか、「まだ誰も気づいていない秘密の知識があるので、確実に儲かる」などと詐欺師は言うだろう。しかしそんなことは決してない。少なくともプロの投資家はみんな必死に勉強をしているし、インターネット革命以降はあらゆる情報が一瞬で、人類の間で共有化されている。

たった一つ、ほぼ確実に勝てる方法があるとすれば、まだ公開されていない会社の不祥事などのニュースをいち早くつかみ、その会社の株を売ることだ。その会社の社長と仲よくなって、こっそりと聞き出せばいい。しかしこれは「インサイダー取引」といって違法にあたる。つまり、確実に勝てる方法があったとしても、それは違法なんだ。

「長期的に投資をすれば、確実に勝てる」と言う人もいるだろう。これは正しいところもあって、詐欺師とまでは言えない。過去数百年の資本主義の歴史を見れば、株価は世界的に上がり続けていることは事実で、おそらく今後数百年もその傾向は続くだろう。ただこれも、向こう30年くらいだったらまだまだ確実とは言えないし、5年くらいになるともはやほとんど確かではない。

ケインズという経済学者が言った名言を君に贈ろう。「長期的には、我々はみんな死んでいる」だ。短期的には全く予想ができず、中期的に株価が上がるというのは確かとまでは言えず、長期的には人間はみんな死ぬ。今から始めて、100歳まで投資を続けるなら、勝てる確率はかなり上がるかもしれないけどね。

いろんなことを書いたが、結論として投資においては、いや投資に限らず、確実に儲かる方法なんて存在しない。

投資には不確実な要素がある。その点ではギャンブルと同じだ。ギャンブルをするにも、やるならしっかり勉強してから取り組んだほうがよいのは、その通りだ。勉強しないでやるよりは、負けを抑えることができるだろう。運がよければ、勝つこともあるかもしれない。投資もギャンブルも、遊ぶ分には楽しい。ただこれは、趣味として取り組む場合だ。

資産運用という意味で取り組むなら、**投資には「正解」がある。それは全く楽しくないし、能力や才能を必要としない。勉強する必要も判断する必要もない。実につまらない、そして効果がとても高い方法だ。**それを、今から君に伝えよう。

投資には、実は正解がある。分散して、少しずつ買って、長く持つ。これだけ

投資の「正解」、それは「ETFを活用して世界分散、投資対象分散、銘柄分散、時間分散」をすることだ。ひたすら投資対象を分散して、ドルコスト平均法と呼ばれる方法で時間分散をして少しずつ買って、一生持ち続ける。これだけだ。

用語は今から順番に説明していくが、要はひたすら分散するだけだから、考え方はとても簡単だろう？

ＥＴＦとは、上場投資信託のこと。投資信託というのは、プロに投資を任せる仕組みのこと。信じて託すから信託だね。それが、いつでも売り買いできるように取引所に上場されているものを上場投資信託、ＥＴＦ（Exchange

Traded Funds）という。

ＥＴＦにはいろんな種類があって、日本の株に投資をするものはもちろん、アメリカの株とか中国の株、世界中の株に投資できるものもあるし、株だけではなくて不動産や債券、金なんかに投資できるものもある。

株であっても、大企業の株を中心に買うものや、これから成長しそうな株を対象とするもの、事件が起こった株を中心に買うものなど本当にいろいろな種類のＥＴＦがある。

中でも僕がお勧めするのは、インデックス連動のパッシブ運用と呼ばれる運用法のものだ。

例えば日経平均連動というＥＴＦがある。日経平均というのは日本経済新聞社が公表している指標で、日本の主要な株２２５種類の株価を、一定の比率で計算しているものだ。その日経平均の対象として選ばれている２２５銘柄を、日経平均を計算するための割合とできるだけ同じになるように買うのが、日経平均連動のＥＴＦだ。

あ、専門用語を連発しちゃって、すまない……。実際にＥＴＦとか投資を始めるとだんだんわかってくると思うし、ネットで検索して調べてもらって少しずつ、何となくでもいいからわかってもらってもいい。

かなり簡単に言ってしまうと、日経平均連動のＥＴＦというものは「日本の主要な企業２２５社の株が入っている箱を、丸ごと買っている」感じ。「日経平均連動」が「インデックス連動」の一種なので、日経平均というものがインデックスの一種となる。専門用語を追うと辛くなるだろうから、今はこの程度の認識で構わない。

パッシブ運用というのは、アクティブ運用の反対語で、運用する人の腕前と関係なく、ルールに従って半分自動的に売り買いをするやり方のことだ。日経平均というものとできるだけ同じにするためには、ＥＴＦを運用する人の腕前は関係なくなるんだ。

プロが全力で考えて売り買いをしてくれるアクティブ運用のＥＴＦのほうがよさそうに思うかもしれないけど、その分手数料は高くなるし、残念なことに

アクティブ運用でもパッシブ運用でも、パフォーマンスには大差がないことがわかっている。いろんな研究の結果、**手数料を考慮したら、パッシブ運用のほうがよいというのが結論なんだ。**

だから**投資はこの、インデックス連動のパッシブ運用型ＥＴＦだけ、買っていればよい**ということになる。

世界分散は言葉そのままを意味していて、日本だけでなくて世界中に分散させるということ。投資対象分散というのは、株だけではなくて不動産や債券でも分散したほうがよいという意味。

銘柄分散についてだが、さっきの２２５社に分散して投資するという日経平均連動のＥＴＦだって、銘柄分散の一種だ。銘柄とは、株とか債券といった金融商品のことを指していると思ってもらえばいい。

だから「ＥＴＦを使って世界中の、株や不動産や債券といったいろんな種類の、多くの銘柄に分散したほうがよい」ということになる。どこか特定の会社が倒産してしまってても銘柄分散をしていればダメージはそんなに受けないし、世界中の株価が下がる場面でも債券価格は上がったりすることも多い。不動産価格だけが、すごく上がったり下がったりすることもある。

だからできるだけ分散して、特定の銘柄や投資対象のリスクを減らすのが正しい。世界経済が上がったり下がったりしつつも長い目で見れば上昇していくことに期待して、余計なリスクを取らないこと。ここまではわかったかな？

心を無にして機械的に淡々と買い続ける。つまらないけど、これが正解

ちなみに、リスクを取るということは必ずしも悪いことではない。「リスクはリターンの源泉」だ。

そもそも、リスクを取らないとリターンは発生しない。リスクをゼロにしようとするとリターンが限りなくゼロに近づく。リスクを頑張って減らしたとしても、リターンがマイナスになることすらあるかもしれない。

大切なのはリスクを取らないことではなく、「リスクについて理解して、適切なリスクを取ること」だ。**「長期的に世界経済が成長するか、いつか破綻するか」というのは、取るに値するリスク**だと僕は思う。

一方で「特定の会社が成長するか、それとも破綻するか」は、昔はある程度は予想できると考えていたけれど、今では宝くじみたいなものだと思っている。まあ資産のごく一部で、応援の気持ちで少しお金を出すとか、娯楽として楽しむ分にはよいだろうけれど。

話を戻そう。そんな風に世界分散、投資対象分散、銘柄分散をしたら、あとは時間分散だ。ここではドルコスト平均法を用いる。言葉は難しそうな響きだが、これは専門家がカッコつけてこんな名前をつけただけで、拍子抜けするくらい簡単だ。

ドルコスト平均法とはつまり「毎月、決まった金額で買う」ということ。毎月5万円のETFを買うと決めたら、何も考えずに5万円分を買う。ETFの価格が1万円だったら5単位買うし、2万円だったら2・5単位、5000円だったら10単位買う。このルールに従うと、高いときには自動的に買う単位が少なくなるし、安いときには多くなる。

ポイントは「これから上がりそうだから少し多めに買っておくか」などという判断を一切入れず、決まった金額で機械的に買うということ。つまり、何も考えないこと。上がるか下がるかは予想できないから、とにかくルールに従うことだ。株価が暴騰(ぼうとう)しても暴落しても気にしない。ただ淡々と、買い続けるんだ。

そして決して、売らない。決まった金額を買って決して売らないということは、判断が全く入らないということだ。

収入が増えたら毎月の投資額を増やすとか、株の比率を少し減らして債券を増やそうかとかは年に1回くらい考えてもよいが、日々の値動きは見ないくらいの感じだ。

どうかな？　つまらないだろう。しかしこれが、正しい投資法なんだ。あらゆる投資法の中でもっともパフォーマンスが安定していて、何より気持ちが楽なやり方だ。

投資の勉強は早くからしておいたほうがよいけど、効果が出るのは人生の後半

投資はいつ始めるべきなのか。これは「今すぐ始めるべき」というのが答えだ。君が今、15歳でも60歳でも関係なく、長期的な投資の利点に気がついた今こそが、投資を始めるべき時期だ。

「最近株価が上がっているみたいだから、もう少し待って、安くなってから始

めよう」と思うかもしれないが、それは間違いだ。**どんなに高いと感じても、投資は今すぐ始めるべき**なんだ。

これから株価が上がるか下がるかは、過去の値動きであるチャートの形から予想はできない。ルーレットで赤が続いたから次はそろそろ黒が来るだろうとか、いや赤が続いていて赤の流れだから次は赤だ、と議論しているようなものだ。次に赤が出るのか黒が出るのかはランダム（偶然）なんだ。

株価の変動は「ランダム・ウォーク」。酔っ払った人がフラフラ歩くように、次はどっちに行くのか誰にも予想がつかない。確かにインフレもあるし世界経済は成長しているから長期的には上がる傾向があるけれど、短期・中期ではランダム。だから下がっているから待つというのも、意味がないんだ。

今すぐ始める。**ただし、全財産をまとめて投資しないこと。**ある程度の貯金があるなら、それを何ヶ月かに分けてドルコスト平均法で少しずつ投資する。投資の時間分散だね。戦争とか天変地異、経済的な事件などで株価が暴落する可能性は常にあるから、そのリスクをできるだけ減らしておくこと。

それでも大暴落を経験したら、「これからしばらくはドルコスト平均法で安く、たくさん買えるからラッキー」くらいに考えておくことだ。

長期的な視点で考えるとやはり、投資をし続けると大きな利益があるのは事実だ。できるだけ早く始めて、できるだけ長く買い続ける。資産運用で知っておくべきことは、それだけだ。

仮想通貨は投資のメインにはなり得ない

「仮想通貨（暗号資産）」あるいは「ビットコイン」という言葉は聞いたことがあるだろう。ここ10年くらいで「億り人（おくびと）」と呼ばれる、億円単位で利益を出す人が何人も現れた。もしかしたら知り合いから、投資しないかと誘われることもあるかもしれない。だが結論だけいえば、**仮想通貨は正しい投資には必要ない。**

仮想通貨とは何か？　このことを説明するには、お金の成り立ちを知る必要がある。

そもそも、お金に価値があるのはなぜだろうか。1万円は、なぜ誰に対しても1万円の価値があるものとして使えるのだろう。よく考えたらあんなのはただの紙切れで、1枚印刷するのにかかるコストは20円くらいだといわれている。20円で大量に印刷された紙切れが、1万円で取引されるのはなぜだろう。

昔、紙幣は、銀行に持っていけば金と交換することができた。でも今はそれもできない。みんなが1万円には1万円の価値があると信じ込んでいるから、なぜか使えるだけの「共同幻想」みたいなものだ。

まあ、より現実的には、日本政府や日本銀行がお金の価値を保証しているから、それをみんなが信用しているということで、もっと言うと税金を紙幣で支払わないと逮捕されるという国の「武力」によるとも考えられる。

それはともかく、国がお金の価値を保証しているからこそ、お金には価値がある。通常はそんな風に、強い力を持った誰かが保証しないと、お金というのは成立しない。お金のことで争いが生じたらそれを裁いたり、偽札を作る奴が出てきたら捕まえたりする権力も必要になる。

ところが、仮想通貨はそこを飛び越えてきた。そこで登場するのが、ブロックチェーンという技術だ。サトシ・ナカモトと名乗る匿名の誰かが発見した、たくさんの人が共同管理することで、お金の価値を保証しようという技術のことだ。

みんなのパソコンをつないで（チェーン）、データの塊（ブロック）を保管しておく。それによって取引をみんなで監視して、不正が起こる可能性を限りなく低くするという考え方だ。

よくわからなくても大丈夫。僕だってブロックチェーンのことを完全に理解しているわけじゃない。本当にそれで大丈夫か、って心配になってしまう。そういう人がいるからこそ、仮想通貨の価格はなかなか上がらなかった。

でも、「どうやら大丈夫なのではないか」「もしかしたら国家が保証するお金に代わる役割を果たす可能性があるのではないか」という期待感が不安を上回れば、価格は上がる。

ブロックチェーンはすごい技術で、仮想通貨以外にも、例えば契約書であったり会社みたいなものを管理することもできる。特定の国や大企業が関与しなくても、いろんなことができるようになりつつある。これは、これから世の中を変えていくのだろうと僕も期待して見ている。

だがそれとこれ、つまり仮想通貨に投資をすべきかということは別の話だ。確かに仮想通貨の価格はまだ上がるかもしれない。しかし大きく下がるかもしれない。国によって突然、規制されたりするかもしれない。

いずれにしてもそれらは我々が賭けている「世界経済の成長」というリスクとは、関係のない話だ。

楽しいギャンブル、新しい技術に対する応援みたいな気持ちで余裕資金の中からちょっと買っておくくらいはよいが、**主力の投資対象にはならない。**

楽しむこと、一発当てることは投資の目的ではない。それが目的なのは、ギャンブルそのものだ。投資ではない。

ストーリー④

「壮、投資デビュー」

自慢じゃないが、俺は流されやすい。理沙に誘われるまま、学生起業をすることになった。

ビジネスの内容は「インターン専用のSNS」。学生と企業の採用担当者、代表者だけが参加できるFacebookみたいなイメージ。

学生にとっては自分に合ったインターン先の情報を効率的に得ることができ、企業側にとってはコストをかけずに優秀な学生とつながれるサービス。学生のほうには課金せず、企業側からインターン決定時と就職決定時に、使用料を成功報酬で受け取る仕組みだ。

少子化はますます進み、有名大学の新卒を採用するコストはとんでもなく高くなっている。採用については売り手市場なので、K大学の学生と多くつながっており、いわば学生のリストを持っている俺たちが仕掛けるという有利さがあった。課題は、企業側のリスト。そこは俺がチームの中心となって、足で稼(かせ)いだ。

「カンパーイ！」

理沙「壮くん、そしてセールスチームのみんな。エンジニアリングチームのみんなも、お疲れ様～。あと少しで、ベンチャーキャピタル[*5]から3億円の資金調達が決まりそうよ！　この調子でどんどん行きましょう」

＊5　ベンチャーキャピタル：ベンチャー企業やスタートアップ企業など新興企業に、出資して株式を獲得する会社やファンドのこと。新興企業が成長や上場をした際に株式を売却し、値上がり分の利益取得を狙う。

壮「いやいや、これは理沙のアイデアと行動力が素晴らしいんだよ。むしろ参加させてくれてありがとう！」

理沙「なんか急に加速してきて、怖いくらい。資金調達したらそれを一気に広告費に投下するよ。このまま天下を取っちゃおう！」

壮「おお、この勢いだといずれは上場も夢じゃないね！」

ところが、俺たちのビジネスが順調なのはそこまでだった。突如として、国内大手のハードバンクグループが参入。ほとんど同じ仕組みのサービスに、企業と学生のマッチングのための最新ＡＩを投入。さらには巨大資本を活かして広告を展開。企業も学生も、全てのリストを奪っていった。文字通り、手も足も出なかった。

新しいアイデアを出して、それでリスクを取って誰よりも早く進めて、うまくいきかけたところにあとから入ってきた大手に全てを奪われる。理不尽で悔しい……。

最終的に俺たちの会社は、ハードバンクに買収されることになった。いくらか株を持っていた俺の手元には、学生としては不相応の、まとまった金額が残る。

これで終わりというつもりはなかったが、かといってすぐに何かチャレンジをしようという気にはなれなかった。会社を売却したお金は銀行に預金しておくのもバカバカしいので、とりあえず証券口座を作ってＥＴＦを買っておくことにする。

ビジネスの世界について、俺たちはあまりにも無知だった。もっと、世の中のことを知らなくてはいけない。

今さらだけど就活、いったんはやっておくか？　お金には困っていないが、サラリーマンとはどんなものか、潜入捜査というやつだ。

第5章

「詐欺」とは？
悪い大人に
だまされないために

悪い大人は、残念だけどいっぱいいる。絶対にだまさない人は、いないかもしれない

君はまだ、世の中にそんなに悪い人はいないと考えているかもしれない。もしそうだとしたら、安全と感じられる環境で無事にここまで君を育ててこれたことを、僕とママは誇りに思う。

でも今の君が想像するよりもずっと、悪い人というのはいるんだ。詐欺みたいなはっきりした犯罪に限らずね。

もっとあいまいな、詐欺に近いようなビジネスはたくさんあるし、テレビでコマーシャルを流しているような有名な会社でも、人をだまして儲けているのではないかと感じることはたくさんある。多かれ少なかれ、どんなビジネスにもその要素はあると言っても過言ではない。

僕は今、起業コンサルタント、つまりはビジネスを立ち上げるのをサポートする仕事をしているんだけど、そのことをいつも考えている。

僕のところには、僕と同じように「起業支援」を名乗る人にだまされた人がたくさん相談に来る。借金をして何百万円もお金を払ったのに、何もしてくれないとか。仕事を紹介すると言っていたのに一つも紹介してくれない、終わったら成果も出ていないのにもっと高いコースを勧められる、突然連絡がつかなくなる……。

これらは僕が「**ひよこ喰い**」と呼んでいるものだ。**これから始める人の無知につけこんで、内容のないものを高い価格で売りつける。**何か文句を言われても「言われた通りにやらないから結果が出ていないだけ、お前が悪い」とはねのける。

もちろんそれは想定したことなので、返金なんて応じてくれない。困ったことにこういう詐欺まがいのひよこ喰いにあっても、やられた側は「よい経験をした」と泣き寝入りしてしまうことが多い。「仲間ができたから、これはこれでよかった」などと自分を納得させてしまう人もいるくらいだ。

僕はこういうひよこ喰いをなくすために起業コンサルタントをしているのだけど、「自分も実は、同じようなことをしているのではないか」と今でも自問自答することはある。

「内容がしっかりしている」「個別に誠意をもって向かい合っている」「かかわる人が価値を感じてくれている」だから大丈夫なはずだ、とは考えている。「でも本当にそうだろうか？」と、ふと思うことも正直あるんだ。詐欺とひよこ喰いと真っ当なコンサルタントの間には、それほど明確な境界線はあるのだろうか、と。

まだピンとこないかもしれないから、僕がインドを旅したときの話をしよう。

20歳のとき、大学を休学して3ヶ月間インドに行った。インドを選んだ理由は特にない。人生で大切な何かが見つかるかもしれないという淡い期待はあったけれど、「一生話せるネタにはなるかな」くらいの軽い気持ちでもあった。今はどうかわからないが、インドというのは混沌(こんとん)としていて、面白い国だったんだ。

僕はバックパックを背負って、いかにもお金を持っていなさそうな雰囲気をかもし出しながら歩いていたのだけど、それでも現地の人は「日本人＝お金持ち」だと感じるらしい。1日に何回も、いろんな人から話しかけられた。カタコトの日本語だったり、英語だったりだ。

「この先にじゅうたんを安く買える店がある」
「街の案内をしてやろう、無料だ」
「今度日本に行くから、その前に荷物を運んでほしい」
「日本語を勉強しているから、友達になろう」

それが、ほとんど全部、僕をだまそうとする人たちだった。なぜそうわかるかというと、僕はこういう人たちとかなり長い時間、会話をしたりついて行って一緒に食事をしたり、だまされる直前まで行ったからだ。ときには本当に、だまされることさえあった。危ないから絶対にまねをしてはいけない。

中には、ごく少数ではあるが最後まで親切にしてくれて、結局は何も要求しないで終わることもあるにはあった。そんなときは僕は、きつねにつままれたような気持ちになったものだ。だまされるのが当たり前で、だまされないほうが嘘であるような、変な気分だった。どっちが本当の人間の姿なんだろう、なんてね。

インドに行った人は「人生観が変わった」と感じることが多いようだ。僕は残念ながらそんなこともなく、大して変わらずに日本に帰ってきたと自分では思っている。

ただ思い起こせば、人間誰もが他者をだますことがあるものなのかもしれない、という疑問だけは、消えずに残っているような気がする。**常に人をだまし続ける悪人がいるというよりは、善人でも環境によってはだますということなのかもしれないなと思っている。**

そういう意味では、インドに行ったことで少し人生観というか、世界観が変わったのかもしれないね。

ここだけの話を疑おう。そもそも、なぜあなたがやらないの？

僕は起業をしてから、不思議に思ったり怪しげだったりするものも含めて、できるだけいろんな話を聴くようにしてきた。

占いや予言、宇宙と交信できる人、霊やオーラが見える人、ギャンブルの必勝法、自己啓発セミナーを受けてきた人、宗教の勧誘、儲かる投資話、未公開株、権利収入ビジネス、ネットワークビジネス、仮想通貨、アラブの油田への投資、マッカーサーの隠し財産、ワクチンは陰謀（いんぼう）だという話、実は人類は月には行っていない、などなど。危険だから、君はまねしないようにね。

中には「ここだけの儲け話」がいくつもあった。元本保証（損失がないこと）で、月10％の配当を出し続ける海外ビジネスへの投資とか、ある資産家の不動産の売却を任されているからこれに絡めば確実に利益が出るとか。

投資の話で「元本保証」「確実」という言葉が出たら、全て詐欺だ。君はもう、リターンを出すためには何らかのリスクを取らないといけないということを知っている。リスクはリターンの源泉だ。リスクがなくてリターンがあるというのは、あり得ない。あえて言えば「詐欺リスク」を取るということだ。

「よい話」を持ってきた人には、なぜあなたが自分でやらないのかと聞いてみよう。だいたいそれだけで、理屈は破綻する。

確実に10％の利益が出るなら、自らがそれより低い金利でお金を借りて、全額投資すればよい。本当に確実なら、銀行にお金を貸してもらうのだって説得できるはずだ。むしろ銀行が、100億円くらい投資させてほしいと言ってくるはずだ。でも実際には、そんなことは決して起こらない。事実ではないからだ。

考えてもみてほしい。君が確実に儲かる、すごい投資の話を知ったとして、それをわざわざ手間暇かけて人に伝えようとするだろうか。ましてや自分のお金を投資もせず、親しい人に教えてあげることもせず、最初に親しくもない人を儲けさせてあげようと思うだろうか。そんなはずはない。全てがおかしいと、すぐわかる。

普通に考えるとそうなのだが、それでもだまされる人はたくさんいる。詐欺師は何人かを君に会わせる。人間は3人くらいの人から同じ話を聞くと、それが本当なのではないかと錯覚(さっかく)する。脳なんてそれくらいもろいもので、そんなに賢くないんだ。

また、そもそも親しい人が話を持ってくるというパターンもある。絶対に詐欺師ではないと確信できるくらいの関係性、例えば兄弟とか。そういう人が自分をだまそうとするわけがないから、この話は本当に違いないと考えてしまうのだけど、その兄弟がまずだまされているというケース。

本人は完全に信じているから、どこをどうつついても嘘が出てこない。助けようと思って「上の人」に会ったりすると、そこでだまされてしまう危険性もある。

すぐ嘘とわかりそうなくらい単純な仕組みの詐欺でも、賢いはずの人があっさりだまされることは多い。自分だけは大丈夫と過信してしまうのも原因だろう。今までだまされたことがないから、今度も大丈夫だろうという思い込みがある。これも脳のバグだね。

あとでもう少し詳しく書くけれど、要は**脳にはそういうバグがたくさんある**ということを知っておくとよい。

僕たちはすでに、正しい投資のやり方を知っている。**世界経済の成長にだけ賭ければよい。理解できないリスクを取ってはいけない。**

投資の世界に「ここだけの話」なんてないし、上場されているものだけで、十分な投資ができる。それ以外のリスクをあえて取る必要はない。

リスクはリターンに比例するし、リターンにはリスクが必ず存在する

今までの話でもう十分に伝わっているかもしれないが、投資に必要な考え方はとてもシンプル。繰り返しになるけど、リスクはリターンの源泉。もっと絞ると、リターンが高くなるほどリスクも高くなる、つまりは「ハイリスク・ハイリターンの原則」だけ、知っておけばよい。

リスクを減らせば、リターンが減る。だから「安全で儲かる」はあり得ない。安全な投資の話があったら、まずは10年国債の利回り（年間で利益となる額÷預けた額×100）を調べてみるとよい。

国債というのは国が発行している債券で、日本国債なら日本という国にお金を貸すということだ。日本の10年国債の利回りは今は0・85％程度だが、これが「安全」な投資のリターンだ。これを下回るリターンの投資であれば投資をする価値はないし、これを上回るリターンがあるなら何らかのリスクをもつ投資であるということになる。

僕は日本に貸したお金が絶対に返ってくるとは思っていないが、かといってこれより安全な投資が他にあるとも思えない。会社への貸付である社債の金利（貸し付けた金額に対する利息〈もらえるお金〉の割合）が2％なら、その会社が倒産する可能性が少しあるということだし、アメリカ国債の金利が高いなら、それは為替リスク（円高や円安によって損得が発生するリスク）があるということだ。日本が倒れても仮想通貨は大丈夫と主張する人もいるかもしれないが、仮想通貨は国に禁止されるかもしれないし、盗まれるリスクもある。

どんな投資にも、リターンがある以上は特有のリスクがあるんだ。リスクがなければ、リターンはない。**高いリターンがあるなら、それ相応の高いリスクがある**。

そのリスクが何なのかわかっていないなら、絶対に投資をしてはいけない。世界中の投資家がまだそのリスクに気づいていなくて、自分だけが正しく理解していると確信できるのなら、投資をしてもよいかもしれない。そんなことはほぼ、起こらないだろうが。

投資の世界には、落ちているお金を拾うようなチャンスはない。「フリーランチはない」と表現されたりもする。ただでランチを食べさせてもらったら、必ず何かの見返りを要求されるということだ。つまり、**リターンがあるなら必ずリスクはある**ということ。

人間ってそんなに賢くない。心理的な罠の話をちょっとだけ

君は論理的で数学が得意だから、人間はどんなことでも正しく判断できると考えているかもしれない。少なくとも自分はそうだと。実をいえば僕は、若い頃はそう考えていた。

ところが、それがそうでもないという話をちょっとだけしよう。

これは『影響力の武器』（ロバート・B・チャルディーニ著／誠信書房）という本に詳しく書いてあることなんだけど、人間というのはそんなに賢くなくて、ある条件がそろうと、なかば自動的に行動してしまうことがある。この本ではその条件のことを「心理トリガー」と呼んでいる。

親鳥がエサをとってきて、ヒナの鳴き声が聞こえたら、その鳴き声を発する主がぬいぐるみであろうが天敵であろうが、鳴き声が聞こえる対象にエサを与えてしまうという。それと大して変わらないことが、人間でも起こるということなんだ。

街中で募金活動をしているのを見たことはあるよね。困っている人たちを助けたりするためのお金を募金箱に入れるとお礼を言われて、羽やバッジなどの品がもらえることもある活動だ。ここからは、僕が誰かから聞いた話になるんだけど。

募金で普通に「募金をお願いします！」と言われて素通りしてしまう人でも、募金活動する子供が先に、募金したらもらえる品を渡してきたら、無視しにくくなってしまうよね。こうして募金をする確率は飛躍的に高くなるし、平均的な募金金額も高くなる。

これは「返報性の法則」と呼ばれるものだ。相手から何かしてもらったら、こちらも同じようにお礼をしないといけないと思い込んでしまうことを指している。

とはいっても、もらえる品の材料費はせいぜい数円程度だったりで、そんなに高価ではないものが多いだろう。それなのに、人はついそのお礼として、材料費以上の募金をしてしまう。もちろん品をもらっても募金をしない人もいるが、品によって行動を変える人のほうが多いというのがポイントだ。

人は、誰かに何かしてもらったら、お返しをしないと落ち着かない。そういう心理トリガーがある。詐欺師はきっと、君に何かものをくれたり、親切にしてくれたりするだろう。**彼らは心理学を悪用するプロなので、心理トリガーなんて知り尽くしているから**ね。

「アンカリング効果」というのもある。これは僕がインドでバナナを買ったときの話がわかりやすい。

バナナの行商をしているかわいらしい子供が、僕に近寄ってきてこう言った。

「バナナを買わない？　ひとふさで１００ルピーなの」と。

当時１００ルピーは日本円にすると約３００円で、日本で買うより高い。そんなはずはないだろうと思って、僕はそれを半額の50ルピー（約１５０円）に値切って買った。インドでは価格交渉は当たり前だ。その子供はにっこり笑って商談成立だ。

しかし後日、当時のインドではバナナは１ルピー（約３円）で買えるということを知った。天文学的にぼったくられた。

この話で伝えたいことはこうだ。もしその子供が最初、10ルピーと言ってきていたら僕は５ルピーに値切ることはできたかもしれない。最初が５ルピーなら３ルピーくらいにはできたかもしれない。

しかし最初の価格提示が１００ルピーだったので、それを５ルピーとか３ルピーに値切ろうという発想が浮かばなかった。これがアンカリング効果だ。

人の意思決定というのは、最初に提示された条件に大きく影響されるということ。１００ルピーがアンカー（錨、基準点）になるんだね。正しい価格なんて、実は誰もよくわかっていない。いい加減な話だと思わないか？

このように人間は正しい価格についてよくわかっていないし、もっと言えばものを買うかどうかの判断も、適当に感情で判断している。感情で決めて、あとから理屈で補っているんだ。

高級ブランド品を買う人の行動は、とても「よく考えて、論理的に判断している」なんて思えない。いつも行く焼肉屋さんで最後のロースを追加するかどうかの判断が、論理的だと思えるだろうか。僕にはとてもそうは思えない。そのときには酔っ払っていることもあるけど、お酒を飲んでいなくても大差はない。**人間はさほど、賢くないんだ。**

損切りは投資以外でも大事な考え方。相談できる人を把握しておこう

人間は賢くないと知って慎重に行動をしていても、それでもなお、だまされてしまうことはある。

だまされたと思ったら、すぐに手を引くこと。「だまされたことを認めたくない」「取り返したい」という気持ちは捨てることだ。

ギャンブルもそうだが、「負けを取り返そう」という気持ちがあるとより大きく負けてしまうだけで、ロクなことがない。損切り（買ったときより価格が落ちた株などを、損することを覚悟して、これ以上損を増やさないために売ること）の考え方は、こういう場面で役に立つ。

投資の世界では**「ナンピン買い」**というのがある。難（負け）をピン（平ら）にならすということで、買った株の株価が下がったら、その株をもっと買うことを指す。

例えば、100万円で買った株の価格が半分の50万円になったとする。50%のマイナスだね。そこでまた100万円分買うとあら不思議、投資額200万円に対してマイナスは50万円だから、25%のマイナスということになる。割合でいったら負けが半分に減った。これがまた、もとの株価に戻れば大儲けだ。ナンピン買い、すごいテクニックに思えたかな?

もちろん、**これは錯覚だ。**50万円のマイナスがあることは変わらない。そこにまた余分な100万円を投入したことで、**リスクはむしろ増えている。**大きく下がった株価がその後、上がりやすくなるなんて断言できない。むしろそのまま倒産してしまう可能性もあるかもしれない。

だったら**ここでの判断は買い増すことではなく、そのまま耐える、もしくは損切りして売ってしまうことだ。**

うまくいかなかったら、撤退を検討する。それは自分の間違いを認めることだから辛いけれど、長い目で見たら損切りは大きなダメージを負うことを防ぐんだ。

損切りは投資だけでなく、ビジネスをしていく上でも大切な概念だ。むしろビジネスは損切りの連続だともいえる。小さく試して、うまくいかなかったら素早く撤退する。致命傷を負わないように、損切りするんだ。**追加でリスクを取るとしたら、うまくいっていることのほうにすべきだ。**

もし君が、賢明にも自分がだまされているのではないかと気づいたら、すぐに専門家に相談してほしい。僕でもよいし、信頼できるコンサルタントやコーチがいるならそういう人でもよい。弁護士や税理士は最適だろう。専門家じゃなくても、友人や家族でも、誰にも相談しないよりはしたほうがよい。**説明しているうちに、君が自分でおかしいと気づけることもある。**

そういうときは恥ずかしい、誰にも知られたくないという気持ちになるだろうけど、いざというときに相談できる、信頼できる人を何人か持っておくことは重要だ。

ストーリー⑤

「壮、投資詐欺に誘われる」

ＥＴＦで分散投資というのは、父のノートに書いてあったやり方だ。確かに堅実かもしれないが、いかにもつまらない。

自分で立ち上げたビジネスはたった1年であれだけのお金を生み出したのに、なぜ年間４％の利回りに甘んじなくてはならないのか。もっと世界を変えるようなビジネスにお金を投じれば、世の中のためにもなるしお金も増える。100倍、1000倍だって夢ではない。エンジェル投資家というやつだ。

そんな俺の前に現れたのが、スタンフォード大学で核融合の研究をしているという2人組、ジェフとヤンだ。日本には調査で来ているという。理沙からの紹介だったので、信用できると感じた。

実際、会って話してみた感じも、すごく爽やかなイケメン。世界は広い、天才というのは実際にいるものなのだ。同い年で、二十歳になったばかりの俺たちは居酒屋で酒を飲み、すぐに打ち解けた。

ジェフ「壮さん、お会いできて嬉しいです。実は我々のスタートアップでは、核融合の技術を試作段階で完成させました。追加資金を入れることで大きな成果が期待できますが、お金があれば誰からでもよいというわけではありません」

ヤン「大企業やベンチャーキャピタルから資金調達してしまうと、主導権を奪われてしまいます。理沙から聞いて、若くて優秀なあなたから資金調達して、パートナーシップを結びたい」

わかってる。これを読んでいるあなたは、おかしな話だと思っているはずだ。でもこのときの俺は、直感でよい話だと思い込んでしまったんだ。その後、どうなったかは言いたくない。全てが振り出しに戻った、とだけ言っておこうか。

俺はあのノートを読んで、何も学んでいないのか。なんでこんな典型的な詐欺に引っかかってしまうのか。まあ不幸中の幸いは、他の人を巻き込まなかったことと、だまされていると気づいてすぐに撤退できたことだ。

自分で稼いだ全財産を失ったが、家のお金に手をつけたわけではなく、借金ができたわけでもない。学びを得て、全てが振り出しに戻っただけだ。

……っとでも思わないと、やってられない！

第6章

明日から
できること

お金についてだけでも、体験しないと学べないことがたくさんある

もしかしたら15歳の君がこのノートを最初に読んだときは、嫌な気持ちになったかもしれない。自分の親がお金のことばかり、こんなに書いているのを見るのは楽しいことではないだろう。

でも、僕はこのノートに書いたことだけでは、まだまだ十分だとは思っていない。もっともっと、君に伝えたいことはある。

でもそれは、ノートを5冊や10冊にすれば解決するというものではないのかもしれない。今伝えられることはこれくらいで、あとはこれから自ら主体的に学び、いろんな経験を積んでいく中で理解していくのだろうとも思う。

人生には選択肢が無数にあって、必要な知識は人によってまちまちだ。知っ

ていることでも、言葉として伝えられることには限界がある。**「暗黙知」と言って、自分はできるけれども他の人には伝えられない知識というのも、あるんだ。**大切なことを学校で教えてくれないのは、別に学校がわざとそうしているわけではない。暗黙知をはじめ、先生が言葉にしてうまく教えられないものもたくさんあるからだろう。

だからもっともっとたくさんの経験をしながら、失敗をしながら、お金について、人生について、そして愛についても考えよう。そうすることで君は、人生をよりよく生きることができるはず。

このノートは、君の人生において一つの参考資料に過ぎない。大切なことの答えは、きっと君自身の人生の中で出会っていくだろう。

君がお金持ちになるために必読の本を10冊厳選

本をたくさん読みなさい。これは世の父親がこぞって息子に言うことだ。「よい本だけを読め」と言いたいところだけれど、よい本を選ぶことができるようになるためには、悪い本や普通の本をたくさん読む経験が必要だ。

だから**どんな本でもよいので「たくさん読め」と言っておこう。これはインターネットが普及して、AIがものすごいスピードで発展し続けるこれからの時代でも、その重要性はおそらく変わることがない。**本を読んで学んで、考える力を鍛えておくことだ。AIに使われず、AIを使いこなせる人間になるためには、高い知性が必要だ。

その上で、君がこれからお金について学んでいく中で最初に読むべき、自信

を持って お勧めできる本を10冊に絞って、伝えておきたい。ここでは難解な専門書は避けて、今の君でも読んで理解できそうなものに絞る。少し難しい本も、知性を磨く上では有効だからいずれチャレンジしてほしいが、まずはこのあたりから始めるとよいだろうという意味だ。この10冊は全てうちの本棚にあるから、いつでもリラックスして読んでみてほしい。

『金持ち父さん貧乏父さん』（ロバート・キヨサキ／筑摩書房）
『金持ち父さんのキャッシュフロー・クワドラント』（ロバート・キヨサキ／筑摩書房）

まずはこれ。なんだかんだ言って、僕がもっとも影響を受けたお金に関する本だ。10冊の中に同じ著者の本を2冊挙げるのはどうかと思うが、2冊セットで読んでほしい。

以前も君に伝えたけど、お金を得る立場には4種類あって、E（従業員）、S（自営業者）、B（ビジネスオーナー）、I（投資家）だ。そして人が自由になるためには、ＢかＩを目指すしかない。僕はサラリーマンのときにこれを読んで、衝撃を受けたものだ。雇われたまま仕事を頑張るだけでは自由になれないんだ、ってね。当たり前のことみたいだけれど、この本を読んで腹に落ちた気がする。

『敗者のゲーム』（チャールズ・エリス／日経BPマーケティング）
『JUST KEEP BUYING』（ニック・マジューリ／ダイヤモンド社）

投資方法に関しては、この2冊。インデックスファンド（ＥＴＦなど）をただ買って持ち続けるというやり方がなぜ正しいのか、理論的に筋道立てて説明してくれている。

前者は今や古典となっていて、後者が最近のデータまで扱っているものだけど、結論は変わらない。この先、世界的な株価の大暴落はあるだろうし、そのときにこのやり方が正しいのかという疑問が呈されるとは思うけれど、長期的には結論は変わらないはずだ。

『影響力の武器（ロバート・B・チャルディーニ／誠信書房）』

人がいかにだまされやすいか、人にだまされないようにするためにはどうすればよいか、ということを知るためにはこの本がベスト。それなりに分厚い本だが文章は平易で、事例が多くて読みやすいし、通読するだけの価値はある。

『スノーボール ウォーレン・バフェット伝』（アリス・シュローダー／日経BPマーケティング）

世界一の投資家、オマハの賢人、ウォーレン・バフェット公認の伝記だ。複利効果のすさまじさ、徹底することの重要性など、学べることは非常に多い。彼と同じことはできないと感じるだろうし、する必要はないけれども、大いに参考にしてほしい。

『インベスターZ』（三田紀房／講談社）

漫画だと、これかな。投資の世界に興味を持つための、入り口としてはすごくよい。

漫画のことを子供が読むものだとバカにする人がいるけれど、もったいないと思う。漫画は日本が世界に誇る文化だし、活字だけでは伝えきれない情報も盛り込まれている。僕は漫画というフォーマットが一番、多くの情報が入ってくるし感情が揺さぶられる気さえする。

お金に関係ないものでも、君に読んでほしい漫画は、挙げきれないくらいたくさんある。君が何かを学ぼうとするとき、もし活字の本を読むのに気が進まなかったら、まずは漫画から入るのもよいだろう。

『お金が増えるノート術』（安田 修／幻冬舎）

「貯める・稼ぐ・殖(ふ)やす」という3つのステップに分けて、お金について知っておくべきことを全て、コンパクトにまとめてある。ノートに書いて考えるという方法が新しい。お金についてどうすればよいかの結論だけ知りたければ、この1冊だけでもよいだろう。

『人生計画の立て方』（本多静六／実業之日本社）

東大教授から蓄財（ちくざい）の神様になった本多静六の名著。どちらかといえば自己啓発書に分類されるかもしれず、純粋なお金の本といえるかはわからないけれど、お金について重要なことがほぼ全て書いてある本だ。今の君が読んで楽しいと感じられるか自信はないが、昔の本と侮（あなど）らずにこういう本を読むことも、あとからじわっと効いてくる。

『お金2・0　新しい経済のルールと生き方』（佐藤航陽／幻冬舎）

仮想通貨やフィンテックといった新しいトレンドに追いつくための読書も、ときには必要だ。そういう意味では、本書は2017年発売の本なので、もう古くなっている部分もあるかもしれない。

ただ、今のところこの方向性でこれを超える本は出てきていないように思うので、いったん読んでおくほうがよいということでお勧めしておこう。本書を足がかりにして、最新知識に追いついていってほしい。

今は結局、勉強を必死にやるのが、一番コスパが高い。時給に換算すると……

このノートを書いている今、君は受験勉強の真っ只中だ。いくらお金のことが大切だと僕が思っていても、さすがに君に今すぐこのノートを読ませようとはしなかった。今はただ、受験勉強に集中しておくのが合理的だからだ。

よい高校に入り、よい大学に入り、よい会社に入る。いかにも陳腐なアドバイスだとはわかっていても、勉強が苦手ではないならいったんはそれがよいと思う。やはりレベルの高い環境には、レベルの高い人が多く集まる。

僕や君が思いもよらないすごいことを考えていたり、勉強以外の特別な才能を持っていたりする人も多い。きっと**そんな人たちと出会い、話せるだけでも、よい学校に入る意味はある。**

もちろん、人は偏差値だけで測れるものではない。誇れる学歴がなくても大成功する人や、人間的に素晴らしい人はたくさんいる。家庭環境に恵まれた人が、よい環境に行きやすいという不平等な面も社会には確実に存在している。

でもそういうことを踏まえてもやはり、集中力や頑張った経験、やるべきことをベストなタイミングでしっかり取り組むという姿勢は、一定程度は評価されてよいものだと僕は考える。

現実として、今の世界はまだまだ学歴社会だ。ここまで書いたような理由から、それにはある程度の合理性がある。

僕だって、人を雇うとしたらある程度の学歴がある人を優先して雇いたい。「受験勉強は頑張らなかったけど、仕事は頑張ります」と言われてもそれが本当かどうか、僕にはすぐにわからないから。勉強で結果を出した人のほうが、お願いしたことをしっかりやってくれる可能性が高いとやっぱり判断してしまう。

逆にいうと、**勉強を頑張ったという実績があるだけで、その人は仕事も頑張ってくれるのではないかという期待感を持たれるようになる。**仕事をきちんとやってくれるのではないかというある種の「錯覚」を与えることができる。**人の評価というのは、案外こういう錯覚で大部分が成り立っているところがあるんだ。**

受験勉強なんて、せいぜい数千時間だ。それで数億円の生涯年収の差がつくことがある。1万時間で1億円としても、時給1万円の価値があるということになる。めちゃくちゃコスパ（コストパフォーマンス、時間対効果）が高い。

学生時代は時給千円でアルバイトするより、勉強しているほうがよほどよいと思わないか。

起業をすると生涯賃金という考え方だけでは説明しきれなくなるのだけど、結局は今の僕にとってもサラリーマン時代によい環境で鍛えてもらった経験は、貴重な財産になっている。勉強はもちろん、学生時代だけにすることではない。

社会人になっても、ずっと勉強はできるし、するべきだ。

そんな風に、将来大きく回収できることに時間を投資してほしい。高校や大学に行ったら、その対象はもしかしたら学校の勉強ではないかもしれない。君の将来を左右するかもしれない、一番楽しくて熱中できることを探して没頭すること。それが結局は効率がよい。嫌なことを我慢(がまん)してやっている時間は、ないと考えたほうがよい。

コスパで思い出したが、僕は若い頃「結婚はコスパが悪い」と考えていた。結婚をして子供を育てるなんて、損でしかないと考えていたんだ。でもこれは、完全に間違いだった。僕としては家族を持てて本当によかったと、今では考えている。たまたまママという素敵な人と出会えたという幸運はとても大きいから、誰にでも絶対に当てはまるとは言えないけれど！

君が生まれてくれたことで初めて自分よりも大切な存在を知ったし、たくさんの思い出を作ってくれて本当に感謝している。僕にとって君との出会いは、世界が白黒からカラーに変わるくらいの体験だった。

話を戻そう。時間をどう投資するかという話だ。

ＡＩが発達すると、社会は変わるといわれている。詰め込んだ知識は役に立たなくなるとか、学歴エリートは必要なくなるとか。確かに、社会は大きく変わるかもしれない。

それでも、勉強した人としない人では、した人が活躍する可能性が高いと僕は思う。ひたすら音楽をやった人とか、運動を極めた人とか、そういう人にチャンスがある社会になるかもしれない。

ともかく、何か一つのことを頑張った人が有利なことは変わらないどころか、もっとそうなっていくはずだから、格差は広がるかもしれない。いずれにしても努力しない人が有利になるということは、ちょっと想像できないな。

それも含めてもう一つ伝えるなら、体力は重要だ。**健康に投資しなさい。**

高校に行ったら**運動部に入るか、入らないとしても何か運動をする習慣を身につけるといい。**長い期間を心身ともに健康で、機嫌よくいられるというのは幸せに生きるために必要だし、これからその重要性はますます高まるのではないかと感じている。仕事も勉強も、健康でなければ望む成果はなかなか出せない。

それと、ＡＩやロボットが多くの仕事を担ってくれることで、余暇を楽しむ重要性がすごく高まるような気がする。余暇を満喫する際にも、心身ともに健康であることが必須。

健康であること、自分が好きなことを理解しておくことが、とても重要になるだろう。

中学生でも株を買えるし、会社も作れる。お小遣いの範囲内で始めてみよう

お金の話や会社を作る話をすると、君はもしかしたら「未成年のうちは何もできない」「大人になったらやればよい」と思い込んでいないかな。

実は**中学生でも、親の同意があれば株など投資をするために必要な「証券口座（未成年口座）」を作れるし、15歳以上なら会社の代表にもなれる。**まあ法律上、何かするときに親の同意が必要な場面が出てくることは否めないが、やろうと思えばほとんどのことができる。

大人になっても、何かと理由をつけて投資や起業などの行動をなかなかしない人はすごく多い。もっとお金が増えてから、もっと経験を積んでから、時間ができたら、チャンスがあればやろう……。

そんなのは全部、言い訳に過ぎない。やれない理由があるなら、それを排除する行動をとるはずだ。今のままが楽だから、そこに甘んじている。

君にはそんな大人になってほしくない。証券口座を作ったり、会社を作ったり、世界を旅して回ったり、若いうちこそたくさんの経験を積んでおくべきだ。成人になってから、なんて考える必要はない。今日から、今このときから行動し始めるんだ。

僕が今の知識や経験を持ったまま15歳に戻れたら、きっと起業も投資もどちらもすると思う。つまり、今と同じようなことをするだろう。逆に今すぐに玉手箱を開けて80歳になったとしても、やはり同じことをしていたい。

だから、**早く始めたほうがいいのはもちろんだし、逆に遅すぎることもない。**

若さは財産だ。今から小さな失敗を、早くたくさんしよう

僕がまだ若い頃、おじさんたちが「若さは財産だ」と言ってくる理由がよくわからなかった。でもこうして逆の立場になったとき、やはりそう感じてしまうことがわかった。間違いなく、若さは財産だ。その中でも**失敗が許されることが、若さの特権**となる。

一方で僕はもう47歳だけど、「もういい歳したおじさんだから、失敗が許されない。だから行動しない」なんて言うつもりは全くない。まだ全然若いし、人生の半分も生きていないとすら思っている。これからもどんどんチャレンジして、まだまだ失敗するつもりだ。

とはいえやはり、20歳以下の若さはうらやましく、眩(まぶ)しく感じる。僕よりは

るかに多くの失敗ができる時間があるのだから。

「若さは財産だ」という言葉には、裏の意味がある。

おじさんは若い人にそんなことを言いながら、「人間は歳をとると、経験を積んで賢くなる。だから自分のほうが賢い」と思っているものだ。歳なんてとりたくないと思ったかもしれないけど、実際に君も僕くらいの年齢になったら同じように多少は思うだろう。

だから、年長者に対しては一定の敬意を払ったほうがよい。そうしたほうが、君がおじさんから好かれるから得だということもある。少なくとも**表面上は、おじさんには優しくしておきなさい！**

その上で僕は本音を言えば、ロクにチャレンジをせずに歳だけとった人のことはあまり尊敬していない。「老害」という言葉があるが、新しく出てきた技術や文化を避けるようになったらかなり危機的だと思う。

脳は、年齢を重ねると効率化して賢くなる部分もあるが、刺激を与えないと退化する。変化を「ムダなこと」と考えて切り捨てるようになったら、生物としては引退すべきときなんだろう。

でも僕は思いあがっているかもしれないけど、一生現役でいたいと考えていて、だからこそチャレンジを止めることはない。

つまり結論としては、若いうちはたくさんチャレンジして失敗をしたほうがいいいし、歳をとってもたくさんチャレンジして失敗をしたほうがいい。**人生は年齢に関係なく、ずっとチャレンジするのがいい**ということだ。

成果は忘れた頃に。ウォーレン・バフェットが大富豪になったのも「複利の力」

最後に、複利の力について伝えよう。どんな投資の本にも、複利の力については必ず書いてある。だからあえてここで僕が書かなくても、単に「本を読め」と伝えておけば足りるのかもしれない。それでも、その重要性を強調するために書こう。複利の力は偉大だ。

プロの投資家で、複利のすごさを理解していない人は誰もいない。でも一般の人にはまだまだ、このことは知られていない。いや、知識として知ってはいても、腹の底から「すごい」と感じている人がどれだけいるだろうか。

人間の想像力の限界は、思った以上に早くやってくる。何度も言うけど、人間は大して頭がよくないんだ。複利の力がどれだけ大きいかが、ロクに想像できない。

想像力の限界を示すのにわかりやすいたとえ話として、「紙を50回折りたためば火星に届く」というものがある。厚さ0・1㎜の紙を折りたたんでいくと、わずか50回で厚さが1億キロメートル、つまり火星まで届く距離になるんだ。

もちろん実際にはそんなに何回も紙を折りたたむことはできないから、これはたとえ話に過ぎないが。君は数学が得意だから2の50乗がとんでもなく大きな数字になることは知っているかもしれないけど、この結果はちょっと頭の中だけでは想像できないよね。

投資の神様で大富豪のウォーレン・バフェットは、自分自身の散髪にもこう自問した。「本当に私は、この散髪に30万ドルを費やしたいだろうか」。10ドル程度の散髪代も長期運用すれば30万ドル（約4500万円）になる。だったら髪なんか切らず、その10ドルを投資に回したほうがよいのではないか。ただのケチとも取れるし、まあ半分は冗談だろうけれども、複利効果をよく現していて、ドキッとする話だ。

僕はこのエピソードを知ったとき30代後半だった。なぜもっと早く知っておかなかったのだろうと大いに後悔をしたものだ。早く動き出せば、それだけで圧倒的に有利になるというのに。

それから僕の中の、何かが変わった気がする。それでも散髪には行くから、バフェットみたいな大金持ちには最後までなれないのかもしれないけどね。

壮くん
大きくなったたな
いや、大きさは
昔とそんなに
変わらないか

久々の再会
だというのに
父は能天気なことを
言ってる
オンラインでは
何度か話を
したんだけど

火星探査とやらは
出発が2年遅れ
滞在が1年延び
2年の予定が結局5年
父は家にいなかった

俺は20歳になっていた

父の地球への帰還は母と
一緒に見に行ったが
「感動の再会」は
ほんの一瞬だった
宇宙から帰った人は
筋力が落ちて
地上では
うまく歩けない
すぐに父は
医療チームに連れ去られ
しばらくリハビリ
取材だ
研究成果の共有だ
とかで
2ヶ月ほど
経ってから帰宅した
今では何事も
なかったかのように
ウイスキーを飲んでいる
何だか全てにおいて
現実感がない

当時は壮くんもまだ15歳だったからなぁ
大人になった感じがするよ
この5年いろいろと成長したね

別にないお金も何もないし
ただの就活してる普通の大学生だよ
……

…でもまた自分のビジネスはやってみたいと思ってる
……
いいと思うよ

えっ マジか…!?

技術が飛躍的に進化したからって

火星に人が住めるようになるのはまだまだ先だろう

もし住めたとしても地球のほうが快適なのは間違いない

でも俺は
父になぜ火星に
住みたいのか
なんて聞かない
「それが夢だから」と
答えるに
決まってるから
単純で
うらやましい
ような気もする
俺は火星に
住みたいとは
思わない
年齢的に父より
可能性は高い
だろうけど
それは
彼の夢であり
自分の
夢ではない
では
お前の夢は
何なのかと
言われたら
まだ
わからない

これからいろいろ
やってみて
じっくり
探していこう

父はまぁ…
基本的には
いないものと
考えよう

おわりに

――お金は確かに、人生でとても大切なものだけれど……

本書を最後まで読んでいただき、ありがとうございます。ここまで読んでくださった方には伝わったと信じているのですが、お金は人生でとても大切なものですけど、お金はただの数字であり、便利な道具に過ぎないものです。

でもお金は同時に、必要以上に恐れたり、考えるのを避けたりすることで、人を幸せから遠ざけることがあります。今は少し株価が上がり、投資ブームみたいな雰囲気にもなってきました。バブルの形成と破裂、歴史は繰り返します。こんなときだからこそ基本に立ち返って、お金の本質を知ってほしい。そう思ってこの本を書きました。

大切なことは意外に、学校では教わりません。大学に行っても、会社に入っても、やっぱりなかなか教わらないものです。そんな「大切なこと」の代表的な一つとして、お金はあると考えています。

この本を執筆している間に中学3年生の息子は受験をして、めでたく第一志望の高校に合格しました。本が世に出る頃には高校生になっているはずです。この本を読んでどんな感想を言ってくれるかは、まだわかりません。もしかしたら、ただちょっと恥ずかしそうな顔をするだけで、何も言ってくれないかもしれません。

でも、本書に登場した壮のように、長い年月を通じて成長していく中で、ふとこの本に書かれたことを思い出してくれたら、父としてはこの上なく幸せです。同じように、本書から何かを得てくれる大人や子供がたくさんいると信じて、書きました。

最後に、本書の執筆中になかなか筆が進まずイライラする私を支えてくれた安田智子さん、安田 航さん、安田ほのかさん、安田榮一さん、安田香代子さん、関係者の皆様、いつもありがとう。あなた方のおかげで、この本を世に出すことができました。

たまたま「息子に贈る」というのが設定としてわかりやすかったのでそういうタイトルになりましたが、あなた方一人ひとりの顔を思い浮かべながら書きました。妻も娘も、息子と同じくらい「最愛」の人です。

安田　修

中学3年生の息子に贈る、学校では教わらない「お金の真実」

2024年6月11日　第1刷発行
2024年7月10日　第2刷発行

著　　者　安田 修

発 行 人　土屋 徹

編 集 人　滝口勝弘

編集担当　杉浦博道

発 行 所　株式会社Gakken
〒141-8416　東京都品川区西五反田2-11-8

印 刷 所　中央精版印刷株式会社

●この本に関する各種お問い合わせ先
本の内容については、下記サイトのお問い合わせフォームよりお願いします。
https://www.corp-gakken.co.jp/contact/
在庫については　Tel 03-6431-1201（販売部）
不良品（落丁、乱丁）については　Tel 0570-000577
学研業務センター　〒354-0045　埼玉県入間郡三芳町上富279-1
上記以外のお問い合わせは　Tel 0570-056-710（学研グループ総合案内）

学研グループの書籍・雑誌についての新刊情報・詳細情報は、下記をご覧ください。
学研出版サイト　https://hon.gakken.jp/